고봉 기대승이 들려주는
사단칠정 이야기

고봉 기대승이 들려주는

사단칠정 이야기

ⓒ 이명수, 2007

초판 1쇄 발행일 2007년 2월 28일
초판 12쇄 발행일 2022년 3월 31일

지은이   이명수
그림   김혜영
펴낸이   정은영

펴낸곳   (주)자음과모음
출판등록   2001년 11월 28일 제2001-000259호
주소   10881 경기도 파주시 회동길 325-20
전화   편집부 (02)324-2347 경영지원부 (02)325-6047
팩스   편집부 (02)324-2348 경영지원부 (02)2648-1311
e-mail   jamoteen@jamobook.com

ISBN 978-89-544-1971-0 (64100)

고봉 기대승이 들려주는
사단칠정 이야기

이명수 지음

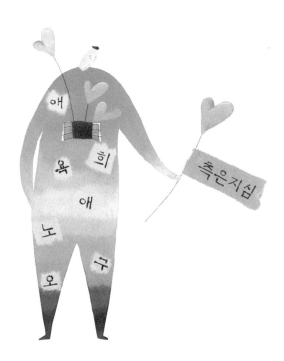

㈜ 자음과모음

책머리에

    우리가 공부를 하거나 밥을 먹는다고 합시다. 이때는 우리의 신체 가운데 손이나 입 같은 부위를 사용합니다.

    그런데 밥을 먹고 공부하는 일 등은 우리가 그렇게 하겠다고 마음먹은 다음 행동으로 옮기는 경우가 대부분입니다. 만일 여러분이 자원 봉사를 하러 가서 훌륭한 일을 했다면, 그 또한 남을 돕겠다는 마음을 먹었기 때문일 것입니다. 이처럼 어떤 일을 하는 데 있어 행동에 임하도록 마음먹게 하는 것이 바로 '사단칠정' 입니다.

    그리고 주변의 힘없는 사람을 돕거나 친구의 잘못을 지적하고자 하는 마음은 좋은 일이며, 이런 좋은 일을 실행으로 이끄는 네 가지 마음 상태가 '사단' 입니다. 또한 사단이 우리들로 하여금 좋은 일을 하도록 이끄는 것이라면 '칠정' 은 아직 좋고 나쁨이 구분되지 않은 상태에서 우리들의 마음속에 간직돼 있는 일곱 가지 감정을 말합니다.

    이처럼 조선 시대 철학자들 사이에서 끊임없이 논란거리가 되었던 이

토론을 '사단칠정 논쟁', 또는 '사단칠정 논변'이라고 부릅니다.

그중에서도 퇴계 이황(1501~1570)과 고봉 기대승(1527~1572), 그리고 우계 성혼(1535~1598)과 율곡 이이(1536~1584) 사이에 오간 토론이 대표적입니다.

당초 기대승과 이이는 이황을 스승으로 모시면서 자신의 철학적 경지를 우뚝 세웁니다.

1558년 봄, 스물세 살의 총명하고 재기 가득한 청년 이이가 도산서당(지금의 안동 도산서원)으로 쉰여덟 살의 이황을 찾아가 학문의 길을 물었고, 같은 해 10월, 서른두 살의 나이로 전라도 광주에서 상경해 바로 과거에 급제한 기대승도 이황을 만나기 위해 그가 살고 있던 서소문 안으로 찾아갑니다. 이렇게 해서 영남 지방 출신의 퇴계 이황과 호남 지방 출신의 고봉 기대승이 천리 밖 먼 거리를 두고 8년에 가까운 기간 동안 편지를 주고받으며, 세계 철학사에 길이 남을 사단칠정 이론에 관한 대장정의 토론을 벌이기에 이릅니다.

2007년 2월
이명수

C O N T E N T S

프롤로그

"외삼촌이 결혼을요?"

제민이가 깜짝 놀라 눈을 동그랗게 뜬 채 입을 다물지 못합니다. 쩌렁쩌렁 울리는 제민이의 목소리가 얼마나 컸던지 아버지는 읽고 계시던 신문까지 떨어뜨리셨습니다. 어머니는 제민이의 엉뚱한 반응에 설레설레 고개를 저으며 신문을 주우십니다.

"허허허! 제민이 네 녀석 때문에 어찌나 놀랐는지 방금 읽은 기사 내용이 다 기억이 안 나는구나."

아버지께서 오른쪽 귓구멍을 후비시며 제민이에게 얘기하자, 제민이가 자리에서 벌떡 일어나며 재차 묻습니다.

"외삼촌이 결혼을 하다니요? 대학생이 무슨 결혼을 벌써 해요?"

"이 녀석아, 삼촌이 대학생일 때 너는 유치원생이었잖아. 네가 무럭무럭 자란 만큼 삼촌도 이제 결혼할 나이가 됐지."

그렇습니다. 유치원생이던 제민이가 이제 초등학교 5학년이 되었으니, 삼촌도 더 이상 대학생이 아닙니다. 제민이에게 삼촌이라고는 외삼촌 하나뿐입니다. 그래서 제민이는 더욱 삼촌이 애틋하고 좋습니다. 가끔 삼촌은 함께 게임도 해 주고, 야구장에도 데려가 줍니다. 게다가 제민이의 외삼촌은 키도 크고 외모도 훤칠한데다가 공부도 잘하고 운동까지 만능이어서 외갓집의 큰 자랑거리입니다. 물론 제민이의 자랑거리이기도 합니다. 제민이는 세상에서 외삼촌만큼 근사한 삼촌은 없을 거라고 생각하거든요.

제민이가 유치원에 다닐 때, 울산이 고향인 삼촌은 서울에서 대학교를 다니기 위해 제민이네 집에서 함께 살았습니다. 제민이는 외삼촌과 함께 살던 그때가, 지금도 종종 그립습니다.

'삼촌하고 같이 살았을 때는 컴퓨터로 만화 영화도 많이 볼 수 있었고, 삼촌 친구들도 자주 놀러 와서 나랑 놀아 주기도 했는데 …….'

제민이는 삼촌의 결혼 소식이 못내 아쉽기만 합니다. 그런데 문득 키가 크고 얼굴이 시꺼멓던 삼촌의 친구가 기억납니다. 한번은 제민이가 체했던 적이 있었는데, 그때 삼촌 친구가 제민이를 치료해 주었습니다. 제민이는 이번에 삼촌 결혼식에 가면 그 형을 볼 수 있을지도 모르겠다고 생각합니다. 그 형은 지금쯤 무엇을 하고 있을까요? 제민이는 점점 더 궁금해지기만 합니다. 제민이는 삼촌의 결혼이 내심 서운하면서도 당장이라도 달려가 누구보다 더 많이 축하해 주고 싶습니다.

"야호! 결혼식이다!"

"녀석도 참…… 아까는 잔뜩 시무룩해 있더니 왜 또 저리 신이 났대? 허허허!"

제민이는 갑자기 일어나서 만세를 부르다가 금세 또 무슨 생각이 났는지 전화기로 달려가 이모네 집 전화번호를 누릅니다. 제민이의 이종 사촌인 혜민이가 전화를 받습니다.

"혜민아, 소식 들었지? 외삼촌 결혼하신대!"

가자, 울산으로!

 이(理) 와 기(氣)는 사물에 있어서 혼륜(渾淪)하여 나눌 수 없다.

-고봉 기대승

1 외삼촌의 결혼식

"김제민! 너 오늘 우리랑 야구하기로 했잖아?"

"참, 미안해 얘들아. 오늘은 나 먼저 갈게."

"왜? 무슨 일 있어? 웬만하면 같이 하자. 너가 없으면 우리 편이 질 게 뻔하잖아."

진영이가 제민이를 붙잡습니다. 이렇게 부탁해도 제민이가 곤란하다는 표정을 짓자 경택이가 묻습니다.

"무슨 약속이라도 있는 거야?"

"외삼촌 결혼식!"

제민이가 그토록 고대해 왔던 외삼촌의 결혼식 날이 드디어 내일로 다가왔습니다. 제민이는 삼촌의 결혼식 날을 달력에 빨간색으로 표시해 두기까지 했습니다. 아이들의 부탁을 뒤로 한 채 집으로 향하며 제민이는 생각했습니다.

'드디어, 드디어 울산으로 간다!'

"학교 다녀왔습니다! 엄마, 어서 출발해요."

우당탕탕 문을 열고 들어와 큰 소리로 어머니를 불렀지만, 어째 집 안은 고요하기만 합니다. 이상한 일입니다. 지금쯤 울산에 갈 준비로 분주해야 하는데 말입니다.

"엄마!"

안방 문을 열어 보고, 서재와 베란다도 다 찾아보았지만 부모님의 모습은 어디에도 보이지 않습니다. 대체 어찌 된 일일까요? 제민이가 아버지의 휴대전화에 전화를 걸어 보려고 수화기를 찾는데, 마침 전화벨이 울립니다. 어머니의 전화일까요?

"여보세요?"

전화를 건 사람은 혜민이입니다. 이종 사촌인 혜민이는 제민이와 동갑인데다 어릴 적부터 줄곧 이웃 동네에 살아서 누구보다 친한 사촌 동생이자, 친구입니다. 수화기 너머 들려오는 혜민이의 말에, 제민이는 깜짝 놀라 소리를 지릅니다.

"뭐? 엄마랑 이모가 먼저 울산으로 가셨다고?"

혜민이도 울산에 가지 못한 모양입니다. 정말 억울한 일입니다. 오늘을 얼마나 기다리고 기다렸는데요. 아름다운 태화강의 풍경, 정겨운 외할머니의 모습, 맛있는 음식들과 멋진 외삼촌의 턱시도 입은 모습 등이 제민이의 눈앞에서 마치 필름처럼 지나가는 듯합니다. 물론 외갓집에서 받게 될 용돈과 함께 말입니다. 이 모든 게 물거품이 되어 버렸으니…… 제민이는 그저 속상할 따름입니다.

제민이가 가장 좋아하는 야구 시합까지 뒤로 미루고 달려왔는데, 대체 왜 이런 일이 생긴 걸까요? 저녁 무렵 회사에서 돌아오신 아빠는 속상한 제민이의 마음을 아시는지 모르시는지 껄껄 웃으실 뿐입니다.

"오늘은 엄마도 없으니 저녁때 피자나 시켜 먹을까? 제민이도 피자 좋아하지?"

평소 같았으면 피자란 말만 들어도 신이 났을 제민이지만 오늘은 그마저도 기쁘지 않습니다.

"엄마는 어떻게 저를 두고 혼자 가실 수가 있어요? 제가 얼마나 기다렸는데요."

"외삼촌 결혼식이니, 엄마와 이모가 미리 가서 도울 일이 얼마나 많겠니? 여자들은 또 아침부터 머리하랴, 옷 입으랴 바쁘잖니. 아예 오늘 내려가서 내일 아침에 여유 있게 준비하려고 그랬겠지."

"맞아요, 준비하실 게 많을 것 같기는 해요. 그럼 아빠는 저랑 같이 내일 내려가실 거죠?"

제민이의 물음에 아빠 얼굴에 난감한 기색이 역력합니다.

"이런, 이를 어쩌지? 아빠는 회사에 급한 일이 있어 내일도 일해야 할 것 같은데."

"그럼, 삼촌 결혼식에 못 가신다는 말씀이세요?"

"그렇게 됐구나."

이건 정말 최악의 상황입니다. 제민이가 그토록 가고 싶어 했던 삼촌 결혼식에 갈 수 없다니…… 이렇게 허무할 수가 있을까요? 제민이의 눈에 그만 눈물이 그렁그렁 맺힙니다.

"아이쿠, 이 녀석. 외삼촌 결혼식에 정말 가고 싶은가 보구나."

"물론이죠, 제가 얼마나 기다리고 기다렸는데요. 아빠, 저에게 측은지심을 베풀어 주세요."

"측은지심?"

"네, 어려운 사람을 불쌍히 여기는 마음이요."

"우아! 우리 제민이가 그렇게 어려운 말도 다 알아?"

"헤헤! 사단칠단인가? 뭐, 그중에서 딱 하나 아는 게 이거예요. 제가 좀 불쌍해 보이잖아요. 친구들한테 간식 뺏어 먹을 때 써먹으려고 단단히 외워 뒀거든요."

"예끼, 이 녀석! 사단칠단이 아니고 사단칠정이지."

"맞다, 사단칠정!"

"모든 사람들에게는 다른 사람에게 차마 어찌하지 못하는 마음이 있느니라. 만일 어린아이가 우물에 빠진 것을 본다면, 사람들은 매우 놀라 불쌍한 마음을 갖게 되지. 이는 그 어린아이의 부모에게 잘 보이기 위해서라거나, 이웃 사람들 혹은 벗들에게 칭찬받기 위한 것이 아니며, 그에 따른 원성을 사고 싶지 않아 그리하는 것도 아니니라. 이것은 사람들에게 본래부터 측은지심, 즉 '깊이 불쌍히 여기는 마음'이 있기 때문이니라."

아버지께서는 갑자기 산신령 같은 말투로 말씀하셨습니다.

"맹자께서 하신 말씀이니라. 너처럼 일부러 불쌍한 척하는 행동에 친구들이 속아 주면 안 되는데 말이다. 허허허! 그래도 우리 제민이 대단한데. 그 말을 이렇게 적재적소에 써먹을 줄도 알고."

"아하, 그런 마음이 측은지심이군요."

"잘 알겠느냐?"

"네, 소자 잘 알겠사옵니다. 아바마마!"

제민이와 아버지는 재미있다는 듯 서로 옛말을 주고받습니다.

"음…… 그렇다고, 울산에 갈 수 있는 방법이 아예 없는 것도 아니란 말이지."

"네? 방법이 있어요?"

"아니다, 다시 생각해 보니 너무 위험해서 안 되겠다. 그냥 내일 은 집에서 공부나 하렴."

제민이의 마음이 더 다급해집니다.

"아빠, 무슨 방법인 데요? 제발 좀 알려 주세요!"

아버지는 망설이듯 잠시 고개를 갸웃거리시더니 마침내 입을 여 십니다.

"제민이 혼자 버스를 타고 내려가는 거지."

"네? 저 혼자서…… 울산까지요?"

아버지는 역시 안 되겠다는 듯 고개를 절레절레 흔드십니다.

"놀라는 걸 보니, 역시 안 되겠구나. 벌써부터 이렇게 겁을 집어 먹으니 뭐……."

"겁먹은 거 아니에요."

"그럼, 정말 너 혼자서 갈 수 있겠어?"

"그건······."

제민이는 말끝을 흐립니다. 절대 겁먹은 게 아니라고 말은 했지만, 사실 왜 겁이 나지 않겠어요? 지금껏 마을버스 외에 버스라고는 혼자서 타 본 적도 없는 제민이입니다. 시무룩해져서 방으로 들어간 제민이가 책상 위에 턱을 괴고 앉아 멍하니 외갓집 생각에 잠겨 있는데, 수화기를 든 아버지가 빠끔히 방문을 여십니다.

"제민아, 전화 받아라."

"누군데요?"

"혜민이."

제민이만큼이나 외삼촌을 좋아하는 혜민이 역시 단단히 화가 나 있었습니다.

"어떻게 달랑 우리만 남겨 놓고 내려가실 수가 있어? 우리가 삼촌을 얼마나 좋아하는지 아시면서. 우리가 삼촌 결혼식에 참석하지 못한다······ 그게 말이나 되니? 우리 엄마도, 이모도 정말 너무해!"

"그러게 말이야. 그렇지만 어쩔 수 없잖아. 우리끼리 내려갈 수도 없는 노릇이고."

"왜 우리끼리 가면 안 되니? 까짓 거, 가면 그만이지."

"뭐?"

"우리 둘이서, 버스 타고 내려가자. 우리 아빠는 이미 허락하셨어. 어때?"

"우리 아빠도 나더러 혼자 내려가는 게 어떻겠냐고 물어보시긴 했는데…… ."

"그럼 뭐가 문제야?"

"그게…… ."

"너, 설마 겁나서 그러는 건 아니지?"

혜민이의 말에 제민이의 가슴이 뜨끔합니다. 혜민이도 저렇게 씩씩하게 나서는데…… 겁이 난다고 말하기에는 어쩐지 창피스럽습니다.

"그럴 리가 있겠어? 겁나긴 누가 겁난다고 그래!"

"그래? 그럼 너, 가는 거다."

"어…… 그, 그래! 까짓 거 뭐, 가 보자!"

그런데 이상하게도 전화를 끊고 나니 용기가 생기는 것 같습니다. 혼자 가는 것도 아니고, 혜민이와 함께 가는 거니까요. 제민이는 거실로 나가 아버지를 향해 말합니다.

"아빠, 저 버스 타고 혼자 다녀올게요!"

2 울산 가는 버스

제민이는 걱정 반, 설렘 반으로 잠을 설치고, 다음 날 새벽 일찍 눈을 뜹니다. 시곗바늘은 다섯 시를 가리키고 있습니다. 여섯 시 반에 버스를 타야 하니, 아직은 한 시간 반이 남았습니다.

그래도 제민이는 얼른 이부자리에서 빠져나와 세수를 합니다. 그런데 세수를 하는 제민이의 머릿속은 복잡하기만 합니다.

'혹시 버스를 잘못 타지는 않을까, 나쁜 어른들이 아이들끼리만 있는 것을 보고 속이지는 않을까?'

어른들 없이 아이들끼리만 버스를 타고 울산에 가야 한다고 생각하니, 두려운 마음이 앞서는 게 제민이의 솔직한 심정입니다.

하지만 이 모든 두려움에도 불구하고, 외삼촌 결혼식만은 꼭 가야 한다는 제민이의 마음에는 변함이 없습니다. 더욱이 울산에 가면 넓고 푸른 바다가 있고, 신선한 회도 있고, 그 회를 초고추장에 찍어 제민이의 입에 넣어 주시는 외할머니가 계십니다. 제민이는 벌써부터 군침이 돕니다.

이런저런 생각을 하며 세수를 마치고 나왔지만 아버지는 여태 주무시고 계십니다. 동서울 버스터미널까지 태워 주기로 하셨는데도 말입니다. 제민이는 아버지를 흔들어 깨웁니다.

"아빠, 어서 일어나세요! 이러다 늦겠어요!"

"알았다, 알았어. 일어날게."

아버지는 졸음에 겨운 눈을 겨우 뜨십니다. 제민이는 아버지의 손을 잡아 일으키고 나서야 안심이 됩니다.

"아빠, 어서 세수하세요. 이러다 늦으면 어떡해요?"

"알았다. 녀석, 재촉하기는……."

아버지는 아직도 잠이 덜 깨셨는지 크게 하품을 하며 욕실로 들어가십니다. 제민이는 허리춤에 손을 얹고 한숨을 푹 내쉽니다.

아버지를 깨우고 재촉하는 일이 왜 이리 힘이 드는지…… 그동안 제민이를 깨워 밥을 먹이고 학교까지 보내 주신 어머니께서 얼마나 고생을 하셨을지, 조금은 이해할 수 있을 것도 같습니다. 제민이는 조금 더 자겠다고 엄마에게 짜증을 부렸던 일들이 새삼 죄송스러워지면서 이제부터는 스스로 일찍 일어나는 습관을 들여야겠다고 생각합니다.

이런 생각들을 하며 어제 편의점에서 사다 놓은 과자와 음료수를 가방에 챙겨 넣습니다. 이때 혜민이한테 지금 막 동서울 버스 터미널로 출발했다는 전화가 걸려 옵니다.

"아빠, 어서요! 혜민이는 벌써 출발했대요."

아버지는 여전히 졸리신지 하품을 하며 자동차 키를 들고 나오십니다. 제민이는 급하게 신발을 신습니다.

새벽녘인데도 도로에는 많은 차들이 오고 갑니다. 주말이라 다들 어디론가 여행을 떠나는가 봅니다. 오늘따라 차들이 궁둥이를 흔들며 더욱 신나게 달리는 듯합니다. 제민이 아빠도 버스 출발 시간에 맞추기 위해 어느 때보다도 속력을 내십니다. 그런데 갑자기 제민이네 차 앞으로 까만 승용차가 확 들어서는 게 아니겠어요.

"아아악! 깜짝이야, 사고 날 뻔했잖아."

너무 놀란 제민이는 얼이 빠졌는지 자기가 무슨 말을 하는지도 모른 채 중얼거립니다.

"제민아, 괜찮니?"

"네, 괜찮아요. 아유, 잠이 다 확 깨네. 근데, 저 사람은 얼마나 급하기에 저렇게 예의 없이 달리는 걸까요?"

"그러게 말이다. 5분 먼저 가려다가 50년 먼저 간다는 말도 모르나 보다. 자기 혼자 급하다며 양보하는 마음은 집에 두고 나오는 사람들이 많다니까. 이런 사람들은 '사양지심(辭讓之心)'이 부족해서 그런 거야."

제민이는 아버지의 말씀에 고개를 갸우뚱거립니다.

"사양지심이오? '뭘 이런 걸 다 주세요. 저는 괜찮아요'하는 것처럼 사양하는 마음 말인가요?"

"이 녀석, 바로 어제 사단칠정에 대해 얘기해 줬는데 그새 또 잊어버렸어?"

"어제는 측은지심에 대해서만 말씀해 주셨잖아요."

아빠의 핀잔에 제민이는 뾰로통해져 대꾸합니다.

"사양지심이란 말이다, 양보할 줄 아는 마음, 즉 내가 갖고 싶거나 하고 싶은 일도 남을 먼저 생각해서 기꺼이 양보하는 마음을 말하는 거란다. 아까 그 사람은 사양지심이 좀 부족한 것 같구나. 아무리 빨리 가고 싶어도 다른 사람들을 배려하는 마음이 있었다면 끼어들기는 하지 않았겠지, 아마?"

"맞아요, 근데 아빠, 저 건물이 동서울 버스터미널 아닌가요?"

"그러게, 벌써 다 왔네."

혜민이와 만나기로 한 동서울 버스터미널은 새벽인데도 버스를 기다리는 사람들로 북적거립니다.

"뭔 사람들이 이렇게 많데요?"

"그러게 말이다. 주말이라서 그런가 보다."

제민이는 많은 사람들을 구경하는 것이 여간 즐겁지 않습니다. 등에 짐을 가득 짊어진 아저씨, 휴가 나온 듯한 군인 아저씨, MT라도 가는 듯한 대학생 형과 누나들…… 그런데 이 많고 많은 사람 중에 과연 혜민이는 어디에 있는 걸까요? 혜민이를 찾아야 빨리 울산으로 갈 텐데 말입니다.

"김제민!"

제민이는 목소리가 나는 쪽으로 고개를 돌려 봅니다. 청바지에 하얀 티셔츠를 입은 혜민이가 제민이 쪽을 향해 반갑게 손을 흔들고 있습니다. 지난번에 봤을 때보다 혜민이의 키가 훌쩍 더 자란 것 같습니다. 이래서야 원, 사촌 오빠의 체면이 말이 아닙니다.

"오빠라고 부르랬지."

"동갑인데 오빠는 무슨."

"너보다 내가 두 달 먼저 태어났으니까 당연히 오빠지."

"쳇, 키도 나보다 조그만 게……."

혜민이와 제민이는 만날 때마다 티격태격합니다. 그사이 아버지는 버스표를 사러 매표소로 가십니다. 이모부는 제민이를 보며 걱정스러운 듯 말씀하십니다.

"제민이 너, 잘 갈 수 있지? 도착해서 바로 전화해야 한다."

"네, 걱정하지 마세요. 이래 봬도 저 씩씩한 남자라고요. 혜민이 정도는 잘 데리고 다닐 수 있어요."

"그래, 제민이만 믿을게. 우리 혜민이 잘 부탁한다."

제민이가 미처 대답도 하기 전에 혜민이가 먼저 이모부에게 말합니다.

"아빠도 참, 내가 제민이를 지켜 줘야죠. 얘, 완전히 겁먹었다니까요."

"아, 아니야!"

"아니긴, 뭐가 아니야? 나 아니었으면 삼촌 결혼식에 갈 용기도

못 냈을 거면서."

"야, 너 진짜 이럴래?"

이모부는 고개를 설레설레 흔드십니다.

"출발하기 전부터 이렇게 싸워서야 원, 무사히 찾아갈 수는 있겠니? 혹시 무슨 일이 생기게 되면 둘이 같이 움직이고, 바로 전화해야 한다. 알겠지?"

이모부의 말씀에 마지못해 고개를 끄덕이긴 했지만 제민이는 혜민이가 영 못마땅합니다. 사실 혜민이는 제민이보다 키만 큰 게 아니라 공부든 체육이든 피아노든 뭐든 잘하기 때문에 평소에도 내심 혜민이를 시샘하고 있었거든요.

아버지는 두 장의 버스표와 간식거리를 양손에 들고 제민이 쪽으로 걸어오십니다.

"자 여기, 울산행 버스표 두 장이랑 먹을거리다. 이제 버스 타러 1층으로 내려가 볼까?"

드디어 출발할 시간인가 봅니다. 버스표를 보니 이제야 울산에 간다는 것이 실감이 납니다. 혜민이 쪽을 흘긋 쳐다보니 그렇게 자신만만해하던 혜민이도 많이 긴장한 듯합니다. 제민이는 가슴이 막 설렙니다. 과연 제민이와 혜민이는 무사히 울산에 도착할 수 있을까요?

"조심히 다녀오너라. 도착하면 바로 전화하고."

"네, 아빠! 잘 다녀올게요, 이모부!"

"다녀오겠습니다!"

인사를 끝내기가 무섭게 제민이와 혜민이는 버스로 달려갑니다. 버스에 올라 아저씨께 버스표를 내고 창문이 가장 잘 보이는 뒤쪽 좌석에 나란히 자리를 잡았습니다. 창밖으로 보이는 아버지와 이모부를 향해 둘은 계속해서 손을 흔들어 댑니다. 그때 막 운전기사 아저씨가 핸들을 잡으려고 하십니다.

"어이, 어이! 잠깐만요!"

제민이와 혜민이를 비롯한 승객들의 눈이 모두 앞쪽을 향합니다. 커다란 덩치의 아저씨 하나가 버스에 급히 오르고 있습니다. 이 고속버스의 마지막 손님이 될 것 같은 그 아저씨의 인상이 어쩐지 좋아 보이지 않습니다.

"저 아저씨 되게 무섭게 생겼다, 그치?"

제민이는 고개만 끄덕입니다. 혜민이의 말대로 정말 무섭게 생긴 사람입니다. 까칠한 수염에 새까만 얼굴, 선글라스까지 끼고 있어서 그런지 더욱 험악해 보입니다.

험상궂은 선글라스 아저씨는 자리를 찾는 듯 여기저기를 둘러보더니…… 이럴 수가요, 제민이와 혜민이의 바로 건너편 자리에 앉습니다. 여기에만 자리가 있는 것도 아닌데, 왜 하필 이곳에 앉는 건지…… 제민이와 혜민이는 기분이 썩 좋지 않습니다. 즐거운 여행길에 불청객이라도 끼어든 느낌입니다.

어쨌든 버스는 출발했고, 둘은 배웅 나오신 아버지와 이모부의 모습이 보이지 않을 때까지 손을 흔들어 댑니다. 드디어 울산으로 출발합니다!

3 이상한 선글라스 아저씨

"제민아, 저 아저씨가 자꾸 우리를 쳐다보는 것 같지 않니?"

"어, 정말 그런 것 같아."

통로를 사이에 두고 옆에 앉은 선글라스 아저씨가 자꾸만 신경에 거슬립니다.

"음악 들을래?"

혜민이는 가방에서 MP3를 꺼냅니다. 손바닥의 반도 안 될 만큼 앙증맞은 최신형 MP3입니다. 제민이의 눈이 동전만 하게 커집니다.

"너 MP3 샀어?"

"아니, 지난번에 어린이 퀴즈 대회에 나가서 1등 했잖아. 그때 상품으로 받은 거야. 이걸로 영어 공부도 할 수 있다."

"잘났다, 잘났어."

제민이는 부러운 마음에 괜히 심통을 부립니다. 제민이도 MP3가 갖고 싶어 부모님께 사 달라고 사흘 밤낮을 졸랐지만 허락해 주지 않으셨습니다. MP3를 사용할 때 나오는 전자파는 몸에 해로울뿐더러, 벌써부터 이어폰을 사용하면 청각에도 좋을 게 없다면서 반대하셨습니다. 그렇지만 혜민이가 얘기한 대로 MP3가 영어 공부에 도움이 된다고 부모님께 말씀드리면, 혹시 사 주시지 않을까, 하고 엉뚱한 기대를 해 봅니다.

"그래서 듣는다는 거야, 안 듣는다는 거야?"

제민이는 자존심이 상했지만 심심하기도 하고 노래를 듣고 싶기도 해서 못 이기는 척 한쪽 이어폰을 귀에 꽂습니다. 그런데…….

"뭐야, 이건! 영어잖아?"

"울산 내려가는 길에 영어 공부도 하면 좋지, 뭘 그래."

"쳇."

혜민이가 공부를 잘하는 데는 다 이유가 있나 봅니다. 어느 정도 버스를 타고 달리니 잔뜩 긴장되고 설레던 마음이 조금 진정되는 것도 같습니다. 그러자 마음이 편해져서 그런지 슬슬 배가 고파옵니다. 이른 새벽에 일어나 부랴부랴 나오느라 지금껏 아무것도 먹지 못했으니 배가 고픈 것도 당연합니다. 제민이는 아빠가 챙겨 주신 가방에서 빵과 과자, 음료수를 꺼내고 혜민이는 김밥을 내놓습니다. 먹음직스러운 김밥이 일회용 도시락 안에 예쁘게 담겨져 있습니다.

"언제 김밥을 다 싸 왔어? 이모도 안 계신데."

"싸 온 게 아니고, 아까 터미널에서 아빠가 사 주셨어."

"에이, 우리 아빠는 빵이랑 음료수만 사 주셨는데…… 너무 비교되는 거 아냐?"

투덜거리기만 하는 제민이와, 이어폰으로 흘러나오는 영어 문장을 열심히 따라하는 혜민이는 전혀 닮지 않은 것 같으면서도 은근히 닮았습니다. 동갑내기 사촌이기 때문일까요? 둘은 어릴 적부터 참 많이도 싸웠습니다. 매일같이 싸우면서도 매일 함께 놀고 공부했던 제민이와 혜민이입니다. 서로 조금만 떨어져 지냈다면 덜 싸웠을 텐데, 왜 그렇게 붙어 다니면서 아옹다옹 서로를 못 잡아먹어서 안달이었는지…… 옆에 앉은 혜민이를 물끄러미 바라보던 제민이는 문득 어릴 적 기억이 떠오릅니다.

하루는 제민이가 혜민이네 집에 놀러 갔다가 실수로 혜민이의 장난감을 망가뜨린 적이 있습니다. 누가 보지는 않았을까, 제민이는 재빨리 주위를 휘휘 돌아보았지요.

'휴, 아무도 없네. 성민이가 망가뜨렸다고 해야겠다.'

제민이는 시치미를 뚝 떼고 혜민이의 동생 성민이가 장난감을 망가뜨렸다고 말하기로 결심했습니다. 길길이 날뛸 혜민이의 모습을 생각하니 앞이 캄캄해지기도 했으니까요. 그래도 거짓말은 나쁜 것인데 말입니다. 아니나 다를까 혜민이는 가장 아끼는 장난감이 망가졌다며 온 집안을 돌아다니며 울었습니다.

"엉엉엉, 내가 제일 아끼는 장난감인데 대체 누가 망가뜨린 거야! 엉엉."

제민이는 자기는 잘 모르는 일이라는 듯 혜민이를 위로해 줬지만 한편으로는 양심이 쿡쿡 찔리는 듯한 느낌이 들었습니다. 그런데 이때, 목격자가 나타났습니다. 바로 성민이가 그 장면을 목격했던 것입니다. 제민이에게 핑계 댈 틈도 주지 않고, 성민이는 말했습니다.

"어, 누나 저 인형, 아까 제민이 형이 망가뜨리는 거 내가 봤는데……."

제민이는 자기가 그런 게 아니라며 발뺌했지만 결국 그 말을 끝으로, 거의 한 달 동안 혜민이와 모르는 사람처럼 지내야 했습니다. 거짓말했다고 엄마한테 엄청 혼난 것은 물론이고요.

이제 와서 생각해 보니 부끄러워집니다. 그때 잘못을 인정할 수 있는 용기가 조금만 있었더라면 좋았을 텐데 하는 아쉬움이 남습니다. 그런데 뭐, 그때는 어렸으니까요.

어쨌든 둘은 맛있게 김밥을 먹습니다. 치즈나 참치가 들어간 김밥이 아닌 천 원짜리 김밥이 이렇게 꿀맛인 것은 아마도 여행을 간다는 기분 때문이겠지요?

"냠냠, 맛있다. 그치?"

둘이 김밥을 맛있게 먹고 있는데 누군가 우리를 부르는 소리가 들립니다.

"어이, 학생들!"

제민이와 혜민이는 깜짝 놀라 동시에 옆 좌석을 쳐다봅니다. 바로 그 험상궂은 선글라스 아저씨입니다.

"이렇게 사람들이 많은 버스 안에서 김밥 냄새를 폴폴 풍기면서 먹으면 되겠나?"

제민이와 혜민이는 무안한 마음에 얼른 일회용 도시락을 덮으려고 합니다. 그런데 버스에 탄 아줌마 아저씨들이 제민이와 혜민이 편을 들어 줍니다.

"그냥 먹게 둬요."

"그러게, 뭐 먹을 수도 있지요. 애들이 새벽녘부터 버스 탈 준비하느라 아침도 못 먹고 나왔나 보죠."

도시락을 덮어야 할지 말아야 할지, 참으로 난감한 상황입니다.

"그 김밥, 맛있냐?"

선글라스 아저씨의 갑작스러운 물음에 제민이와 혜민이는 어리둥절하여 서로 눈치만 살핍니다.

"아저씨도 하나 먹어 봐도 되지?"

제민이는 속으로 생각합니다.

'김밥은 한 줄밖에 없고, 나는 무지 배가 고프다. 이것도 혜민이랑 나눠 먹으려면 모자랄 텐데…… 그런데 저 무서운 아저씨가 김밥을 달라고 하니…… 어떡하지? 아저씨도 배가 많이 고프신가 보지. 그래도 그렇지, 어떻게 애들 먹는 걸 뺏어 먹냐? 그래, 내가 한번 사양지심을 베풀어 보지, 뭐. 사양지심(辭讓之心)! 내가 갖고 싶거나 하고 싶지만 남을 먼저 생각해서 양보하는 마음.

이렇게 보면 나도 참 멋지단 말이야.'

제민이가 고민 끝에 고갯짓으로 도시락을 드리라고 하자, 혜민이는 아저씨 쪽으로 도시락을 내밉니다. 아저씨는 김밥 두 개를 한 번에 손으로 집어 먹으면서 말합니다.

"맛있구먼, 너희들도 어서 먹어. 근데 너희 둘이 친구냐? 아니면 사귀는 사이냐?"

"아니에요, 사촌지간이에요!"

참 이상한 아저씨입니다. 조금 전에는 냄새가 난다며 먹지 말라고 하더니, 이번에는 제민이 김밥을 뺏어 드시니 말입니다. 게다가 여자 친구라니…… 이런 말도 안 되는 얘기나 하다니 원. 둘은 입술을 삐죽거리며 남은 김밥을 먹습니다. 왠지 저 아저씨 때문에 피곤한 여행이 될 것 같다는 불길한 예감마저 듭니다.

그런데 창밖을 바라보던 혜민이가 갑자기 환호성을 지릅니다.

"와! 한강이다."

제민이도 창밖을 내다봅니다. 새벽녘의 한강은 더욱더 멋있어 보입니다. 아이들은 또한 곧 울산에 도착해 태화강의 멋진 풍경을 보게 될 거라는 기대감에 기분이 좋아집니다.

혜민이가 틀어 놓은 영어 소리 때문인지 아니면 배불리 먹은 김밥 탓인지, 제민이는 슬슬 잠이 옵니다. 혜민이도 졸린지 눈만 끔벅거리고 있습니다. 한숨 눈을 붙이고 일어나면 태화강이 보일까요? 제민이는 태화강을 그리며 점점 꿈속으로 빠져듭니다.

사람들의 보편적인 마음

　울산으로 가는 버스가 출발하자마자 제민이와 혜민이는 배가 고프기 시작합니다. 그런 제민이와 혜민이에게 준비해 온 빵과 과자, 음료수, 김밥 등이 있다는 것은 든든하고 기분 좋은 일입니다.

　둘은 왜 똑같이 그런 마음을 갖게 되었을까요? 왜냐하면 사람들은 제각각 다른 생각을 하며 살지만, 어떤 면에서는 서로 거의 비슷비슷하기 때문입니다. 때가 되면 배고픔을 느끼고 맛있는 음식을 떠올리게 되는 것이 사람들의 공통된 본능이며, 이것을 중심으로 무엇을 어떻게 해야겠다는 마음으로까지 이어지게 됩니다.

　혜민이와 제민이는 김밥을 맛있게 먹습니다. 별로 비싸지도 않은 김밥이 그토록 꿀맛인 것은 아마도 여행을 간다는 기분 때문이겠지요? 그런데 이때 선글라스를 쓴 아저씨가 제민이와 혜민이를 꾸짖습니다. 아저씨는 사람들이 많은 버스 안에서 김밥 냄새를 풍기면 되겠느냐며 핀잔을 주고, 공중도덕을 지킬 줄 아는 마음을 가져야 한다고 충고합니다. 반면 이 장면을 지켜보던 주위의 아주머니, 아저씨들은

아이들이 배가 고프면 그럴 수도 있는 것 아니냐며 동정심을 베풉니다.

 이 상황에서 엿볼 수 있는 것은, 사단(四端, 네 가지 마음 상태) 가운데 각각 옳고 그름을 가늠하는 시비지심(是非之心)과 측은지심(惻隱之心, 무언가를 불쌍히 여기는 마음)에 해당되는 마음일 것입니다.

 그런데 과연 누구의 생각이 옳은 것일까요? 공공장소에서 음식을 먹으려고 한 제민이와 혜민이의 생각과 이런 곳에서 냄새를 풍기며 음식을 먹는 것은 잘못된 행동이라는 아저씨의 생각, 아저씨의 꾸지람에 무안해하며 도시락을 덮으려는 아이들의 마음과 배고플 텐데 그냥 먹게 놔두라는 어른들의 사랑의 마음 등 왜 제각각 이렇게 다른 마음들이 생겨나서 서로의 잘잘못을 따지게 되는 것일까요?

 하지만 여기서 중요한 것은 누구의 잘잘못이 아닙니다. 왜냐하면 사람이라면 누구나 내가 처한 상황이나 내 앞에 놓인 사물에 대하여 나름의 느낌이나 생각을 가지고 있기 때문입니다. 사람이라면 누구나 갖고 있는, 그 보편적인 마음과 생각이 바로 '사단(四端)'과 '칠정(七情)'인 것입니다.

사단칠정을 만나다

 성(性)은 오직 하나의 성(性)을 그 소재에 따라서 구별하여 말한 것일
뿐이다.

－고봉 기대승

1 고봉 기대승의 후예들

"김제민, 김제민!"

제민이는 겨우 졸음에 겨운 눈을 뜨며 혜민이를 바라봅니다.

"아, 왜? 울산에 도착하려면 아직 멀었잖아."

"그게 아니고, 사고 났나 봐. 저기, 저기 좀 봐 봐."

사고라는 말에 제민이는 무슨 일인가 싶어 창밖을 내다봅니다.

기사 아저씨는 차를 세워 둔 채 이미 밖으로 나가신 것 같습니다. 대체 무슨 일이 벌어진 건지, 아직은 알 수가 없습니다.

"무슨 일이래?"

"사고가 났나 봐. 너무 끔찍하다."

재미있는 구경거리는 아닌 모양입니다. 교통사고라면 다친 사람이 없어야 할 텐데 하는 괜한 걱정이 앞섭니다.

"그러게, 다친 사람은 없대?"

"글쎄, 모르겠어. 근데 사고라는 말에 아까 그 선글라스 아저씨가 얼른 내려가시더라."

"그 아저씨가 왜?"

제민이는 버스 안을 둘러보았지만 아저씨의 모습은 보이지 않습니다. 혜민이의 말대로 아저씨는 버스에서 내렸나 봅니다. 왜 내렸는지 궁금하면서도 다시는 이 버스를 타지 않았으면 하는 마음도 듭니다.

"저기, 선글라스 아저씨다."

"어디?"

혜민이가 가리킨 곳을 아무리 쳐다봐도 아저씨의 모습은 보이지 않습니다.

"어디? 안 보이는데?"

"아유, 저기 있잖아 저기. 저 아줌마 있는데."

"저 아줌마는 또 누군데?"

"사고 난 자동차 운전자인가 봐."

그러고 보니 어떤 아저씨 한 분이 놀란 아주머니를 도로변에 앉혀 놓고 이마를 짚어 보다가, 눈을 들여다보며 안정을 시키고 있습니다. 아주머니 이마에서 약간의 피가 흐르고 있지만 그래도 크게 다친 곳은 없는 것 같아 안심입니다.

"저 아저씨가 선글라스 아저씨라고?"

험상궂게 생긴 이상한 사람이라고 생각했던 아저씨가 자상하게 다른 사람을 보살피고 있다니…… 제민이는 도저히 믿기지가 않습니다. 그런 선글라스 아저씨를 보고 있자니 제민이는 이상하게도 그 아저씨를 어디선가 본 것 같다는 느낌이 듭니다.

"저 아저씨 내가 아는 사람인가?"

"네 주변에 저렇게 험상궂은 사람이 있다고?"

"그러게, 근데 왠지 낯이 많이 익은 것 같아."

"나도 낯이 익어. 텔레비전에 나오는 산적 닮았잖아, 크크크!"

"그런가……?"

"그나저나 선글라스 아저씨 의외로 멋진데?"

"멋지긴……."

괜히 이죽거렸지만 어려움에 처한 사람을 앞장서서 도와주는 아저씨의 모습이 제민이의 눈에도 달리 보입니다.

그렇게 몇 분이 지났을까요? 기사 아저씨와 선글라스 아저씨가 다시 버스로 돌아왔습니다. 그런데 제민이는 아무리 생각해도 어디선가 아저씨를 본 것만 같습니다. 아저씨께 여쭈어 보고 싶지만 왠지 용기가 나지 않습니다. 제민이는 계속 이런 생각을 맘속으로만 하다가, 버스도 혼자 탔는데 까짓 거 못할 게 뭐가 있겠나 싶어 아저씨를 부릅니다.

"저기요, 아저씨!"

"응?"

"혹시 예전에 저랑 만난 적 있지 않으세요? 저는 아저씨가 낯이 많이 익어서요."

아저씨는 아무 대꾸도 하지 않은 채 선글라스를 다시 쓰고 고개를 돌리십니다. 분명 어디선가 본 것 같은데, 도무지 기억이 나지 않습니다.

"승객 여러분, 기다리게 해서 매우 죄송합니다. 다행히 큰 사고는 아니어서 신속히 마무리가 됐습니다. 그럼, 울산행 버스 다시 출발하겠습니다."

운전기사 아저씨께서 버스를 멈춘 이유에 대해 설명을 마치자, 버스는 다시 움직이기 시작합니다. 창밖으로 사고 현장이 점점 멀어지고 있습니다. 꽤 오랫동안 기다렸는데도 승객들 중에는 불평하는 사람이 없습니다. 오히려 선글라스 아저씨를 칭찬하는 말들이 끊임없이 이어집니다.

"자네, 정말 훌륭한 일을 했구먼."

"그러게요, 아까 어린애들한테 장난칠 때는 혹시 나쁜 사람이 아닌가 싶었다니까요. 근데 보통 사람은 나서기 힘든 일에 선뜻 나서서 다친 사람들 응급 처치하는 모습이 보통이 아니더라고요."

제민이도 선글라스 아저씨에게 뭐라고 말을 하고 싶었지만 어쩐지 입이 떨어지지 않아 망설이고 있는데 혜민이가 먼저 용기를 내어 말을 건넵니다.

"아저씨, 정말 멋있었어요!"

혜민이가 엄지손가락을 치켜세우며 아저씨를 칭찬하자 아저씨도 껄껄껄 웃으십니다.

"아저씨가 원래 좀 멋있단다. 워낙에 측은지심이 풍부한 사람이라서 말이지, 하하하!"

"아하, 사단칠단의 그 측은지심이요?"

아저씨가 측은지심에 대해 말하자 제민이가 얼른 아는 척을 합니다. 그런데 또 틀렸군요.

"사단칠단이 아니라 사단칠정 중에 측은지심 말이다."

"아아, 맞다. 사단칠정."

제민이가 머리를 긁적거리며 민망한 듯 웃어 보입니다. 옆에 있던 혜민이는 창피하다는 듯이 제민이를 슬쩍 꼬집으며 이야기합니다.

"으이그, 너 사단칠정 안 배웠어?"

"나도 다 안다 뭐, 사람이 실수할 수도 있는 거지. 그런 넌, 다 알아? 말해 봐, 어서!"

"나도 완벽하게는 다 모르지만…… 고봉 기대승 선생님하고 퇴계 이황 선생님이 '사단칠정'을 가지고 토론하셨다는 것 정도는 알아. 기대승 선생님은 이황 선생님과 10여 년 동안 사단칠정에 관한 편지를 주고받으셨어. 고봉 선생님은 이 편지에서 퇴계의 사단칠정론에 대해 이(理)와 기(氣)는 관념적으로는 구분할 수 있지만 마음속에서는 이 둘을 구분할 수 없다고 반박하셨어. 퇴계 선생님은 제자인 고봉의 이런 주장에도 기분 나빠하지 않고 고봉의 학식을 존중해 주셨대."

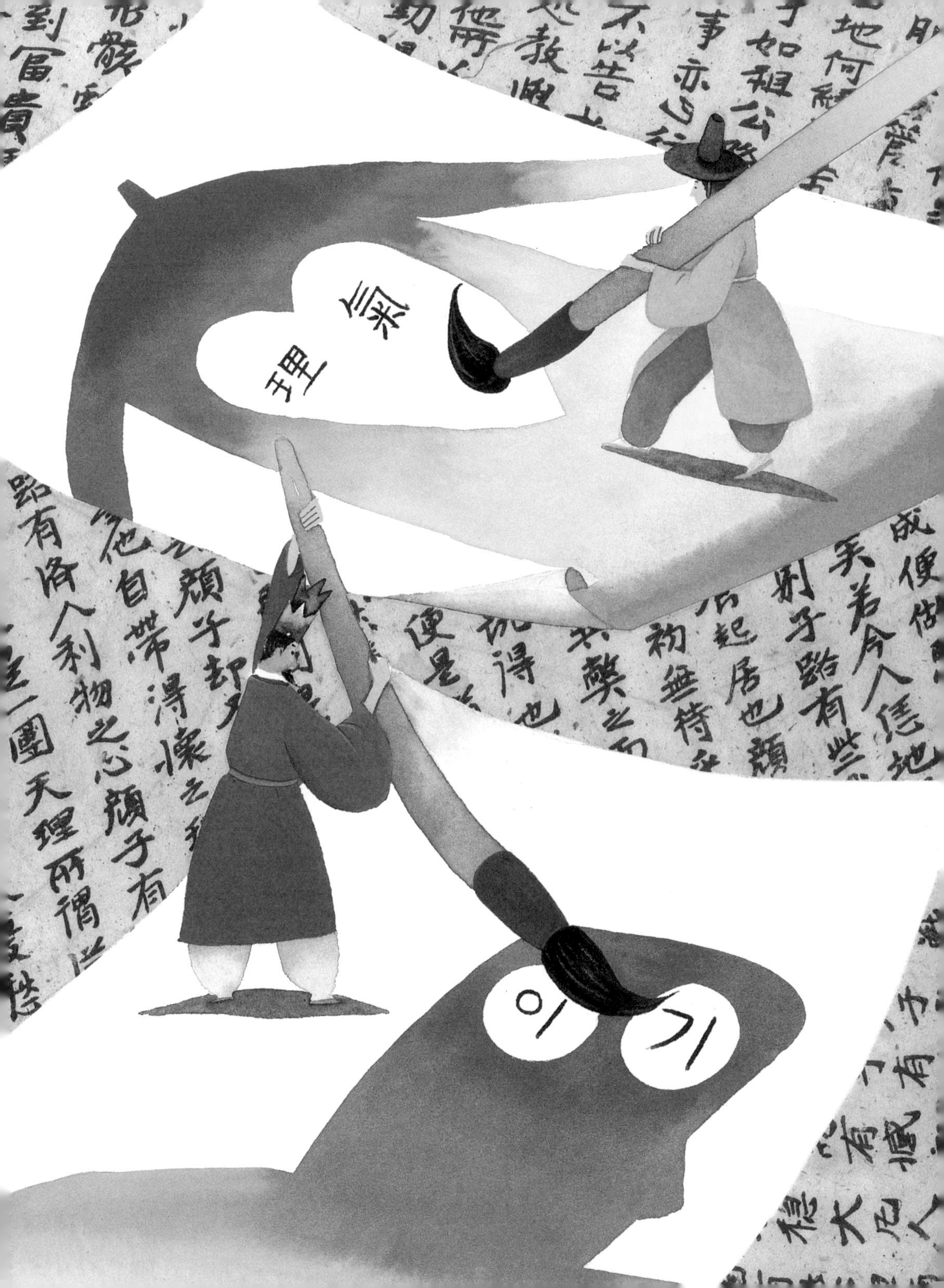
理氣
이기

이번에는 선글라스 아저씨가 놀란 표정을 지으며 물으십니다.

"오호, 너희가 고봉 기대승을 알아?"

"네, 아저씨. 저도 알아요."

고봉 기대승 선생님이라면 제민이도 알고 있습니다. 고봉 기대승 선생님은 바로 제민이의 외가 쪽 조상님 중 한 분이시거든요.

"그런데 아저씨는 고봉 기대승을 어떻게 아세요? 저희 외가 쪽이 '기'씨 집안이거든요. 저희는 기대승 선생님의 후예라고요."

제민이는 자랑스럽다는 듯 말했지만 아저씨는 오히려 비웃는 것 같습니다.

"그런데 고봉 기대승 선생의 후예가 사단칠정도 몰라서야 되겠어? 넌 수오지심(羞惡之心)도 없는 거냐?"

아저씨의 핀잔에 제민이는 또다시 풀이 죽습니다. 조금 전 사고 현장에서 남을 도와주는 아저씨를 보고 잠시 멋지다고 생각했었는데 역시 이 아저씨는 비호감 중에 비호감입니다.

"자고로 어려운 처지에 있는 사람을 보면 도와주고자 하는 마음, 그것이 측은지심이니라. 알겠느냐? 그런데 너희는 수오지심도 가져야 할 것 같구나. 수오지심이란 사단 중 하나로, 나의 잘못을 부끄럽게 여기고 다른 사람의 잘못된 행동 또한 미워하는 마음이란다. 한자의 뜻을 풀이하면 부끄러워할 수(羞)에 미워할 오(惡), 갈 지(之)에 마음 심(心)이란다. 고봉 선생의 후예라면서 사단칠정도 몰라서야 원……."

제민이와 혜민이는 선글라스 아저씨가 얄미워서 죽을 지경입니다. 둘은 아저씨에게 들리지 않게 속삭입니다.

"괜히 칭찬해 줬나 보다."

"그러게, 어린애들인데 그런 한자 정도는 모를 수도 있지."

제민이와 혜민이가 흉을 보는 것도 모르고, 선글라스 아저씨는 계속 잘난 척을 합니다.

"아까 같은 교통사고도 운전자들에게 사양지심이 있었더라면 막을 수 있었을 텐데…… 사양지심이란 또 무어냐, 그건 바로……."

"양보하는 마음이죠? 저도 그 정도는 안다고요."

혜민이의 말에 아저씨는 껄껄 웃으십니다.

"그래도 동생보다는 누나가 낫구나."

아저씨의 말에 제민이는 정말 머리끝까지 화가 솟습니다.

"전 애 동생이 아니고, 사촌 오빠라고요!"

"오빠는 무슨, 동갑이면서. 나보다 생일도 겨우 두 달 빠른 것 가지고……."

"그래도 오빠는 오빠지."

"키는 내가 더 크잖아!"

"웃겨, 키가 무슨 상관이야? 누가 생일이 빠른지가 문제지. 누구 말이 맞는지 사람들한테 물어볼래?"

제민이와 혜민이의 말다툼에 선글라스 아저씨가 또 끼어듭니다.

"옳고 그름을 가리고자 하는 마음, 그게 바로 사단의 나머지 하나인 '시비지심'이지. 아암."

아무리 생각해도 정말 얄미운 아저씨입니다. 애들이 서로 싸우는데 말리지는 못할망정 싸움을 부추기고만 있으니 말입니다. 그래서인지 제민이와 혜민이가 동시에 조용해집니다. 이때 정적을 깨는 기사 아저씨의 반가운 말이 들려옵니다.

"휴게소에 15분간 정차하겠습니다."

버스가 끼익 하고 멈추자마자, 둘은 쪼르르 달려 내려갑니다. 화장실도 급하고 배도 고팠기 때문입니다. 버스에서 김밥을 먹기는 했지만 그나마도 선글라스 아저씨가 뺏어 먹은 탓에 도무지 양이 차지 않았던 제민입니다.

2 사별은 너무 슬퍼!

　화장실에서 일을 보고 있는데, 이상한 베옷을 입은 아저씨 두 분이 제민이를 사이에 두고 양옆에 서 계십니다. 변기 위에 걸린 거울로 슬쩍 두 분의 얼굴을 보니 서로 많이 닮았습니다. 똑같은 옷을 입고 있어서 더욱 닮아 보이는 것도 같습니다. 한 사람은 아빠 나이 또래 같고, 다른 한 사람은 작은아버지 나이쯤 돼 보이는 것을 보니, 이 두 아저씨도 아빠와 작은아버지처럼 형제지간인 듯합니다.

"아버지께서 이렇게 갑자기 돌아가실 줄 몰랐어."

"그러게 말이야, 그렇게 건강하셨는데."

누가 돌아가셨다고? 제민이는 갑자기 무서운 기분이 들어 얼른 볼일을 보고 손을 씻은 후 후닥닥 화장실 밖으로 나옵니다.

화장실 밖으로 나온 제민이의 코로 갑자기 훅 하고 맛있는 음식 냄새가 풍겨 들어옵니다. 기름에 노릇노릇하게 구워진 통감자도, 케첩과 겨자 소스가 듬뿍 뿌려진 핫도그도 하나같이 맛있어 보입니다. 고소한 음식 냄새에, 제민이는 그만 무서운 생각도 잊어버립니다. 혜민이는 벌써 호두과자 앞에 서 있습니다.

"야, 우리 뭐 사 먹을까?"

혜민이의 물음에 제민이는 선뜻 대답하지 못합니다. 무엇을 먹어야 할지 여간 망설여지는 게 아닙니다. 눈에 보이는 음식마다 전부 맛깔스러워 보여서 도무지 선택을 할 수 없기 때문입니다.

"음…… 핫도그, 아니 라면. 아니 돈까스, 아니 통감자, 아니 버터구이 오징어."

"아니 라면은 뭐고, 아니 돈까스는 또 뭐냐?"

"아…… 몰라, 몰라. 음식들이 전부 다 맛있어 보여서 도무지 고를 수가 없다."

한참을 고민하던 제민이와 혜민이는 결국 호두과자와 버터구이 오징어, 통감자와 핫도그까지 사서 양손 가득 들었습니다.

"너무 많이 샀나?"

"그런 것 같기도 한데, 히히!"

"나들이 나온 듯한 기분 때문에 식욕이 한껏 좋아졌나 봐."

"그런가 보다."

저기 자판기에서 커피를 뽑고 있는 선글라스 아저씨가 보이자 혜민이는 몰래 눈을 흘깁니다.

"아유, 저 아저씨, 멋지다고 해 줬더니만 잘난 척 완전 심하더라. 얄미워."

"맞아, 말도 어쩜 그렇게 얄밉게 하냐? 같이 버스 타기 싫어 죽겠어."

"나도. 그래도 어쩌겠어, 참아야지. 아유!"

맛있게 핫도그를 먹던 혜민이는 갑자기 무언가 생각난 듯 말합니다.

"아 참 맞다, 나 아까 화장실에서 하얀 한복 입은 아주머니들 봤다."

"어, 진짜? 나도 아까 화장실에서 베옷 입은 아저씨들 봤는데."

"어떤 할아버지께서 돌아가셨대. 그래서 무덤을 만들러 가는 길이라고 하더라. 굉장히 슬퍼 보였어."

"어, 저쪽에 있다. 영구차!"

영구차 주위로 한 무리의 사람들이 모여 울고 있습니다. 제민이가 마주친 아저씨들도 혜민이가 보았던 아주머니들도, 슬픈 얼굴로 하염없이 흘러내리는 눈물만 닦고 있었습니다. 제민이와 혜민이는 할 말을 잃은 채 그저 멍하니 서서 그 모습을 바라보고만 있습니다. 울고 있는 사람들의 표정이 어찌나 슬퍼 보이는지 제민이의 기분도 그만 울적해집니다.

"가족들이 저렇게 슬퍼하는 걸 보니까 갑자기 우리 할머니 생각이 난다. 할머니도 언젠가는 돌아가시겠지?"

"응…… 나까지 막 눈물이 나오려고 해."

"나도."

"그런데 지금 몇 시야?"

혜민이의 물음에 제민이는 깜짝 놀란 듯 그제야 시계를 봅니다.

"큰일 났다! 15분이 한참 지났어."

"정말? 어떡해!"

둘은 눈앞이 캄캄해집니다. 여기서 버스를 놓치면 정말 큰일입니다. 아버지가 주신 돈은 먹을거리를 사는 데 전부 다 써 버렸으니 다른 차를 탈 수도 없는 노릇입니다. 제민이와 혜민이는 버스를 찾아 정신없이 뛰어갑니다. 다행히도 버스는 아직 저편에 서 있습니다. 이제 곧 출발하려는 듯 시동이 켜져 있습니다.

"아저씨, 잠깐만! 잠깐만요, 아저씨. 저희도 태우고 가셔야죠."

3 사단칠정 배우기

헐레벌떡 버스에 올라타니 승객들의 시선이 따갑습니다. 하기야 그렇기도 하겠지요. 제민이와 혜민이 때문에 많은 승객들의 귀중한 시간이 몇 분이나 허비되었으니까요. 둘은 죄송스러운 마음에 고개도 들지 못하고 쭈뼛쭈뼛 자리에 앉습니다. 운전기사 아저씨도 화가 많이 나신 것 같습니다.

"아저씨가 15분 후에 오라고 했으면 약속 시간을 잘 지켜야지. 지금 몇 사람이 너희 둘 때문에 기다리고 있는지, 알기나 하니?"

"죄송해요."

"저분께서 기다리자고 하지 않으셨으면 그냥 출발하려고 했어. 그러니까 저분한테 감사하다고 인사 드려라."

"예."

그런데 제민이와 혜민이가 인사 드려야 할 분은 다름 아닌 선글라스 아저씨입니다. 얄밉기는 하지만, 고마운 것도 사실입니다. 아저씨가 아니었다면 둘은 꼼짝없이 휴게소에서 미아 신세가 되었을 테니 말입니다.

자리로 돌아가 앉은 제민이와 혜민이는 아저씨에게 꾸벅 머리를 숙여 감사의 뜻을 전합니다.

"고맙습니다."

"녀석들, 먹을 걸 그렇게 많이 골랐으니 늦을 수밖에 없지."

"먹음직스러운 음식이 너무나 많아서요."

"그게 다 욕심 때문이야, 욕심. 이 또한 칠정 가운데 하나지."

아까는 사단이더니, 지금은 칠정이군요. 선글라스 아저씨의 알 수 없는 사단칠정 타령은 계속됩니다.

"맛있는 것만 사 먹느라고 늦은 건 아니라고요. 장례하러 가는 분들을 보고 너무 슬퍼서 넋을 놓고 있다 그만 늦은 거예요."

"그건 남의 일인데, 너희가 왜 슬펐을까?"

아저씨의 매정한 말에 제민이는 발끈 화가 납니다.

"아저씨도 그분들을 봤다면 그렇게 말씀하시진 못했을걸요? 사랑하는 가족이 돌아가셔서 다들 상심하고 있었다고요. 그런 모습을 보는데 어떻게 슬프지 않을 수 있겠어요? 그리고…… 우리 할머니 생각도 났고요."

"그래, 제민이가 말 잘했다. 슬퍼하는 마음인 '애(哀)'도 칠정 가운데 하나지. 사람의 근본 마음은 누구나 다 똑같단다. 그렇기 때문에 다른 사람의 마음에 공감하고, 함께 슬퍼하거나 기뻐할 수 있는 거지."

"그, 근데…… 제 이름이 제민이인 걸 어떻게 아셨어요?"

제민이의 물음에 아저씨는 당황한 눈치입니다. 제민이는 아저씨께 자꾸만 어떻게 알았느냐고 캐물었지만 혜민이는 그런 제민이가 한심한 듯 물끄러미 바라보며 말합니다.

"아까 우리 얘기할 때 너는 내 이름 안 불렀냐? 나도 수차례 네이름을 불렀고, 아저씨가 아시는 게 당연한 거 아니야?"

"그, 그런가……?"

제민이는 다시 한 번 선글라스 아저씨의 얼굴을 유심히 살펴봅니다. 아저씨의 얼굴색은 새까맣고 머리와 수염이 덥수룩해서 지저분해 보입니다. 제민이는 자신이 아는 사람 중에 혹시 아저씨와 닮은 사람이 없는지 가만히 생각해 봤지만 좀처럼 떠오르지 않습니다.

"혜민아, 너도 저 아저씨 정말 모르지?"

"그렇다니까, 오늘 처음 보는 사람이야."

"난 왠지 모르게 너무 낯이 익어."

"혹시 네가 아는 사람 중에 닮은 사람이 있는 건 아니고?"

"아니야, 학교 선생님도 아니고, 태권도 사범님도 아니고, 아빠 친구도 아닌데…… 아무리 봐도 아는 사람 같다니까. 그리고 내 이름도 알고 있잖아."

"으이구, 네가 아는 사람이었으면 저 아저씨가 먼저 아는 체를 했겠지."

"하긴…… 네 말이 맞다."

할 수만 있다면 셜록 홈스라도 데려와서 아저씨의 정체를 밝혀내고 싶은 기분입니다. 하지만 혜민이는 아저씨의 정체 따위에는 관심이 없는 것 같습니다.

"그보다는 아까부터 왜 저렇게 사단칠정 타령인지, 나는 그게 더 궁금하다.”

“그러게, 사단칠정이 대체 뭐기에?”

“외갓집에 가면 외할머니께 자세히 여쭤 볼까? 외할머니는 잘 아시겠지?”

“그럼, 우리가 고봉 기대승 선생님의 후손이라는 것도 할머니한테 들었잖아. 외할머니는 당연히 아실 거야.”

“아쉽다. 출발하기 전에 우리가 사단칠정에 대해 공부를 좀 해 뒀더라면 저 아저씨 코를 납작하게 해 줄 수 있었을 텐데.”

“그러게.”

휴게소에서 사 온 음식은 제민이와 혜민이가 실컷 먹고도 반이나 남았습니다. 선글라스 아저씨의 말씀대로 역시 욕심이 지나쳤나 봅니다. 이제 버스 여행도 슬슬 지루해지고 제민이는 갑자기 엄마 얼굴이 보고 싶습니다. 겨우 하루 떨어져 지냈을 뿐인데 말입니다.

“울산은 아직 멀었나?”

제민이는 시계를 들여다보며 혜민이에게 묻습니다.

“이제 한 시간 정도 남았다.”

자는 줄로만 알았던 선글라스 아저씨가 혜민이 대신 대답합니다. 아무튼 저 선글라스 아저씨는 끼어들기의 제왕입니다.

"전 30분 정도만 가면 되는 줄 알았는데요. 아빠가 울산까지는 5시간 걸린다고 해서요."

"너희들 때문에 늦은 거야. 너희가 휴게소에서 꾸물거리는 바람에……."

"저희들도 잘못하긴 했지만 꼭 저희들 때문에 늦은 건 아니라고요. 사고 현장도 있었잖아요."

"그거야 어쩔 수 없는 일이었고, 아무튼 아저씨 결혼식에 늦으면 다 너희들 책임이다."

"아저씨도 결혼식에 가세요?"

"그래."

아저씨의 대답에 혜민이는 눈썹을 찡그리며 묻습니다.

"설마 아저씨 결혼식은 아니겠죠?"

"왜! 내 결혼식이면 안 되냐?"

혜민이는 입술을 삐죽거리며 혼잣말로 중얼거립니다.

"누가 아저씨랑 결혼하고 싶겠냐고요. 순 잘난 척만 하는데."

제민이는 또다시 슬슬 잠이 옵니다. 눈치를 보니 혜민이도 그런 것 같습니다. 뭘 먹기만 하면 잠이 오니 이것도 참 큰일은 큰일입니다. 그렇게 얼마나 잤을까요?

"애들아, 일어나라. 울산이다!"

선글라스 아저씨가 고래고래 소리를 지르는 바람에 제민이와 혜민이는 화들짝 놀라 잠에서 깹니다. 창밖으로 거대한 강이 흘러가고 있습니다.

"설마…… 저게 한강은 아니겠지?"

엉뚱한 제민이의 말에 혜민이가 잔뜩 핀잔을 줍니다.

"너 바보냐? 저게 바로 그 유명한 울산의 태화강이잖아. 우린 지금 울산에 온 거라고."

"나도 알아, 그냥 너무 신이 나서 농담 한번 한 거야. 으흐흐! 태화강이다, 태화강! 울산이다!"

제민이와 혜민이는 너무 기쁜 나머지 버스가 정차하지도 않았는데 벌써부터 가방을 챙겨 듭니다. 울산 터미널에서 제민이와 혜민이를 기다리고 계실 어머니와 이모를 생각하니 제민이의 가슴은 떠나올 때보다 훨씬 더 설레는 것 같습니다. 드디어 울산입니다!

사단이란?

사단(四端)이란 사람의 본성에서 우러나오는 네 가지의 선한 마음으로, 좋은 세상을 만들 수 있는 근거이자 바탕이기도 합니다.

우리가 만약 한 푼만 도와달라고 애원하는 불쌍한 사람을 만났다고 가정해 봅시다. 그 상황에서 우리는 어떻게 행동할 수 있을까요? 또 해서는 안 되는 일을 하거나 실수를 했을 경우, 어떤 마음이 드나요? 혹시 자신이 정말 갖고 싶던 물건을 고민 끝에 친구에게 양보했던 적은 없나요? 친구가 얌체 같은 짓을 하면 어떤 생각이 드나요?

이런 상황에서 우리는 남을 돕기도 하고, 부끄러운 마음을 갖기도 하며, 친구에게 양보하기도 합니다. 그리고 다른 사람의 잘못을 보면 따지거나 호통을 치기도 합니다.

우리에게는 이렇듯 좋은 마음이 있습니다. 이것이야말로 건강하고 즐거운 사회를 만들 수 있는 뿌리이자, 짐승과 달리 사람에게만 존재하는 거룩한 덕이 있다는 증거가 아닐까요?

이러한 좋은 마음을 네 가지로 나누어 말할 수 있으며, 이 네 가지 마음을 아울러 우리는 사단이라고 부릅니다. 이때 쓰이는 한자는 바로 넉 사(四)에 실마리 단(端)으로, 사단(四端)은 '네 가지 실마리'라고도 하지만 '단'은 뿌리, 근거, 기초, 시작, 끝 등으로 풀이하기도 하므로 '네 가지 좋은 뿌리'라고 생각해도 됩니다.

좀 더 자세히 설명하자면 이렇습니다. 측은지심(惻隱之心)은 불쌍하거나 어려움에 빠진 사람을 구제하려는 마음, 즉 사랑의 마음을 뜻하며, 수오지심(羞惡之心)은 나의 잘못을 부끄럽게 여기고 다른 사람의 잘못된 행동을 미워하는 마음입니다. 또한 사양지심(辭讓之心)은 양보할 줄 아는 마음, 즉 내가 하고 싶거나 갖고 싶은 것을 남을 배려해 겸손히 사양하는 마음이며, 시비지심(是非之心)은 옳은 것은 옳다 하고 잘못된 것은 잘못되었다고 지적할 줄 아는 마음을 뜻합니다.

사람들은 누구나 이런 네 가지 마음을 갖고 태어납니다. 그런데 만약 잘못이나 범죄를 저지르는 사람이 있다면 어떠한 이유로 인해 그 사람의 마음속에 있는 이런 사단의 마음이 묻히거나 발휘되지 못하기 때문이라고 볼 수 있습니다.

3

엄마와 이모의 007 작전, 성공!

하늘에 뜬 달은 오직 하나이다. 여러 강물에 비친 달은 강의 수만큼이나 많다. '천지월(天之月)'은 본연지성이고 '수중월(水中月)'은 기질지성이다. 다만 물의 청탁에 따라 '수중월'의 명암에 차이가 생기는 것이다.

－고봉 기대승

1 무사히 도착! 울산!

"제민아, 혜민아!"

"엄마, 이모!"

제민이와 혜민이는 각자 어머니의 품으로 달려갑니다. 그동안 바짝 긴장했던 몸과 마음이 어머니를 보는 순간 탁 풀려 버린 탓인지 괜스레 눈물까지 납니다. 엄마와 이모는 서로 마주 보고 빙그레 웃으십니다.

"제민이 여기까지 오느라 수고했다."

어머니는 어른도 없이 여기까지 무사히 온 제민이가 그저 기특한지 가만히 머리만 쓰다듬어 주십니다. 그런데 혜민이는 대체 뭘찾고 있는 걸까요? 고개를 쭉 빼고 여기저기를 둘러봅니다.

"선글라스 아저씨는 어디 갔지?"

그러고 보니 선글라스 아저씨의 모습이 보이지 않습니다.

"선글라스 아저씨라니?"

"선글라스를 낀 아저씨 한 분이 같이 버스에 탔는데 오는 길 내내 우리를 괴롭혔다니까요."

"정말 이상한 아저씨였어요. 사사건건 참견하고 핀잔주고……."

"우리더러 기대승 선생님 후예면서 사단칠정도 모른다고 어찌나 면박을 주던지……."

"게다가 우리한테 자신의 잘못을 부끄럽게 여기고 다른 사람의 그릇된 행동을 미워하는 마음, 그러니까 수오지심을 가져야 한대요. 나 참, 어이가 없어서."

제민이와 혜민이는 기다렸다는 듯 아저씨 흉을 늘어놓습니다. 엄마와 이모는 서로 마주 보며 어깨를 으쓱해 보일 뿐입니다.

"매일 티격태격하더니만, 제민이 혜민이 여행 한번 같이하고 나더니 사이가 좋아졌구나?"

"이게 다 그 선글라스 아저씨 때문이라니까요."

"그 아저씨 너무 이상해!"

"맞아, 맞아."

울산까지 단둘이서 내려오는 과정이 힘들고 무섭긴 했지만 나름 대로 재미있었습니다. 난생처음 해 보는 여행 같다는 느낌이 들기 도 합니다. 이런 게 바로 추억인가 봅니다.

엄마와 이모는 결혼식 시간이 얼마 남지 않았다며 늦지 않으려 면 서둘러야 한다고 재촉하십니다. 제민이와 혜민이의 마음 또한 설레기만 합니다. 드디어 외삼촌의 결혼식을 보게 되었으니까요.

"엄마, 지금 결혼식장으로 가는 거예요?"

"아니, 우선 외갓집에 가서 머리도 하고 옷도 갈아입고 준비를 해야지."

"전 갈아입을 옷은 안 가지고 왔는데요?"

"저도요."

제민이와 혜민이의 말에 엄마는 그저 빙긋이 웃기만 합니다. 뭐 가 어떻게 돌아가고 있는 건지 모르겠지만, 어쨌든 엄마를 만나니 안심이 됩니다. 뭐, 어떻게든 되겠지요.

"외할머니!"

"외할머니!"

"아이고, 우리 강아지들 왔구나!"

외갓집에 들어서자마자 외할머니께서는 제민이와 혜민이의 손을 꼭 잡으며 반겨 주십니다. 외할머니의 주름 가득한 손은 언제 잡아도 따뜻하기만 합니다. 한데 그토록 보고 싶었던 외할머니를 만났건만, 제민이의 기분은 울적하기만 합니다. 작년에 왔을 때는 할머니의 키가 제민이보다 훨씬 컸는데, 지금은 제민이와 거의 비슷해 보이기 때문입니다.

"외할머니, 왜 이렇게 쪼그매지셨어요?"

안타까운 마음이 앞서 제민이가 묻자 어머니께서 대신 대답해 주십니다.

"할머니께서 작아지신 게 아니라 네가 쑥쑥 자란 거야."

할머니의 주름진 얼굴에 환한 미소가 번집니다. 미소를 지을 때마다 주름이 더욱 깊게 패는 것 같습니다. 제민이는 짠한 마음에 할머니의 손을 꼭 잡아 봅니다.

"할머니, 건강하게 오래오래 사셔야 해요."

"오냐, 오냐."

"어머니, 어서 준비하세요. 이러다가 늦겠어요."

"제민이도 얼른 이리 와서 옷 입어라, 혜민이도."

엄마와 이모가 재촉하십니다. 엄마는 언제 준비해 왔는지 제민이의 한 벌뿐인 양복을 흔들어 보이고, 이모도 혜민이의 핑크색 원피스를 꺼내 듭니다.

제민이와 혜민이는 어리둥절한 표정으로 바라봅니다.

"엄마, 절 안 데리고 오려고 했다면서 옷은 왜 준비하셨어요?"

제민이의 물음에 어머니는 또 한번 빙긋이 웃을 뿐 아무런 대답도 하지 않으십니다. 제민이와 혜민이는 영문을 알 수 없다는 듯 서로 어깨를 으쓱해 보입니다.

어쨌든 제민이는 기분 좋게 양복을 입고 넥타이를 맵니다. 머리에 왁스까지 발라 가지런히 넘기고 나니 제민이 스스로 보기에도 너무 근사한 모습입니다. 혜민이는 그런 제민이를 보며 깔깔대고 웃습니다.

"야, 외삼촌이 결혼하는 거지 네가 결혼하는 거냐?"

"그러는 너는? 덩치도 큰 게 애들 같은 옷이나 입고. 창피하다, 창피해. 수오지심 좀 가져라."

"뭐? 수오지심? 너는 옳은 것은 옳다 하고, 잘못된 것은 잘못됐다고 지적할 줄 아는 마음, 그러니까 시비지심이 부족해. 어떻게 옳은 것을 그르다 하고, 그른 것을 옳다 할꼬? 쯧쯧쯧······."

서울에서 울산으로 오는 내내 사이가 좋았던 제민이와 혜민이가 다시 티격태격하기 시작합니다. 역시 두 사람은 견원지간을 벗어날 수가 없나 봅니다. 그런데도 외할머니는 뭐가 그리 좋으신지 흐뭇하게 웃으십니다.

"우리 강아지들이 열심히 공부하는 모양이구나. 수오지심도 다 알고. 암, 그래야지."

제민이는 그제야 생각난 것이 있습니다. 그동안 할머니를 만나면 꼭 여쭤 봐야겠다고 벼르고 별렀던 질문입니다.

"근데요 할머니, 사단칠정이 뭐예요?

2 어디서 봤지?

결혼식장 분위기가 떠들썩합니다. 저마다 근사한 옷을 차려입은 하객들이 서로 반갑게 인사를 나누느라 정신없어 보입니다. 제민이와 혜민이는 외삼촌을 찾느라 분주히 고개를 두리번거립니다.

"외삼촌은 대체 어디 계신 거야?"

"글쎄?"

갑자기 누군가 뒤에서 제민이의 눈을 가립니다. 제민이는 자신의 눈을 가린 그 커다란 손이 누구의 것인지 잘 알고 있습니다. 바로 제민이가 그토록 좋아하는 외삼촌입니다.

"외삼촌!"

"제민이 이 녀석, 많이 컸구나!"

턱시도를 차려입은 외삼촌의 모습이 너무너무 멋있습니다. 자세히 보니 화장도 조금 한 것 같습니다.

"외삼촌 아닌 것 같아."

"왜, 너무 멋있냐?"

외삼촌은 기분이 매우 좋은 것 같습니다. '입이 귀에 걸렸다' 는 말은 이럴 때 쓰는 말인가 봅니다. 더운 날씨도 아닌데 외삼촌의 얼굴은 새빨갛게 상기되어 있습니다. 삼촌이 저렇게 좋아하는 모습을 보니 제민이는 절로 웃음이 납니다.

"크크크! 삼촌, 그렇게 좋아? 근데 외숙모는 어디 있어?"

"외숙모?"

외숙모라는 말에 삼촌의 얼굴에 더 큰 미소가 번집니다. 하도 많이 웃어서 좀 바보스러워 보이기까지 합니다.

'신부가 얼마나 예쁘기에 저렇게 좋아하는 거야?'

제민이는 아직 한번도 보지 못한 예비 외숙모의 얼굴이 더욱 궁금해집니다.

"우리, 신부 대기실에 가 볼까?"

"이제 곧 결혼식이 시작되는걸."

혜민이의 말대로 장내에는 결혼식의 시작을 알리는 안내 방송이 나오고 있습니다.

"신랑 기승근 군과 신부 황은정 양의 결혼식이 곧 시작될 예정이오니 하객 분들께서는 식장 안으로 들어오셔서 자리에 앉아 주시기 바랍니다."

제민이는 혜민이와 함께 얼른 식장으로 뛰어들어 가 자리에 앉습니다. 온통 흰 꽃들로 장식된 결혼식장은 영화에 나오는 것만큼이나 멋져 보입니다.

"울산이 낳은 미녀와 야수, 신랑 기승근 군과 신부 황은정 양 입장!"

사회자 아저씨의 재치 있는 소개와 함께 신랑 신부가 입장합니다. 그런데 왠지 사회자 아저씨의 목소리가 낯설지 않습니다. 어디서 많이 들어본 것 같은데 도무지 생각이 나지 않습니다. 혹시 아는 사람인가 보려고 길게 목을 빼 보았지만, 너무 뒤쪽에 앉은 탓에 사회자 아저씨의 얼굴이 잘 보이지 않습니다.

"제민아, 저기 좀 봐!"

혜민이의 손가락이 가리키는 쪽으로 시선을 돌리자 신랑 신부가 황금 마차를 타고 하늘에서 내려오고 있습니다. 이번에 새로 생긴 결혼식장이라더니 온갖 첨단 시설은 다 갖춰 놓았나 봅니다. 황금 마차를 타고 하늘에서 내려오는 신랑 신부의 모습이 마치 동화 속에 나오는 공주님과 왕자님 같습니다. 이 아름다운 장면에 그만 넋이 나가 버린 제민이는 사회자 아저씨에 대한 생각은 까맣게 잊어버립니다. 제민이는 외숙모에게서 눈을 떼지 못합니다. 세상에! 저렇게 예쁜 사람이 또 있을까?

"너무너무 예쁘다, 우리 외숙모!"

"그러게, 진짜 연예인 같아!"

제민이와 혜민이가 감탄하고 있는 동안, 신랑과 신부는 황금 마차에서 내려 주례 선생님 앞으로 다가갑니다. 신부의 기다란 드레스가 카펫에 길게 끌립니다. 사회자 아저씨는 또 뭔가 재미있는 멘트가 생각났나 봅니다.

"기대승 선생님이 논하신 사단칠정 중에 측은지심이라는 것이 있지요. 신부는 아마 측은지심으로 신랑 기승근 군과 결혼을 하나 봅니다. 얼굴도 예쁘지만 마음씨는 더 너그러운 신부죠?"

사회자의 짓궂은 농담에 하객들이 모두 웃음을 터뜨리고 신랑과 신부의 얼굴에도 환한 미소가 번집니다. 그 와중에 제민이와 혜민이는 놀라서 눈을 동그랗게 뜨고 서로를 빤히 쳐다봅니다.

"저, 저 사회자 아저씨, 혹시……."

"우, 우리가 버스에서 만났던, 그……."

제민이와 혜민이가 자리에서 벌떡 일어나 목을 쭉 빼고 사회자 아저씨의 얼굴을 쳐다보자 사회자 아저씨는 둘을 향해 눈을 찡긋해 보이십니다. 혜민이와 제민이의 입이 쩍 벌어집니다.

"그 선글라스 아저씨잖아!"

제민이가 놀라 내지르는 소리에 하객들이 제민이 쪽을 흘긋흘긋 쳐다봅니다. 제민이의 엄마도 깜짝 놀라셨는지 제민이의 입을 손으로 막습니다.

"좀 조용히 해! 사람들이 다 쳐다보잖아."

"하지만 엄마, 저 아저씨가 바로……!"

"쉬잇! 조용히 해."

이미 엄마도 다 알고 있다고요? 제민이와 혜민이의 머릿속이 점점 더 복잡해지기만 합니다.

"하지만 엄마!"

"이따가 자세히 얘기해 줄게. 지금은 외삼촌의 결혼을 축하해 드려야지?"

엄마는 찡끗 웃으시면서 조용조용히 말씀하십니다. 제민이는 어쩔 수 없이 입을 꾹 다문 채 결혼식을 지켜봅니다. 선글라스 아저씨는 선글라스를 벗고 양복을 차려입은 말끔한 모습으로 단상에 서 있습니다. 아무리 생각해도 얄밉기 짝이 없습니다. 그러고 보니 아저씨가 누군지 생각날 것도 같습니다.

'저 얼굴은 분명히…….'

갑자기 신랑 신부를 향해 쏟아지는 박수 소리 때문에 제민이의 기억이 다시 흐트러지고 맙니다. 어디서 선글라스 아저씨를 봤는지 생각이 나려던 참이었는데 말입니다. 제민이는 가볍게 한숨을 내쉬며 신랑 신부에게 축하의 박수를 보냅니다. 아무리 봐도 외숙모는 정말 예쁩니다.

3 엄마와 이모의 작전

결혼식이 끝나고 먹음직스러운 음식들로 가득한 피로연장으로 왔건만, 제민이와 혜민이는 입을 잔뜩 내민 채 뾰로통해져 있습니다. 엄마와 이모에게 된통 속은 셈이니 말입니다.

"엄마와 이모의 작전이었다고요?"

"그래, 너희들한테 자립심 좀 키워 주려고 일부러 그런 거야. 서울에서 울산까지 너희끼리만 무사히 올 수 있는지, 없는지 보려고…… 이렇게 아무 탈 없이 여기까지 온 걸 보니 우리 제민이도 다 컸구나."

"당연하죠. 엄마도 참, 저도 이제 다 컸다고요."

제민이의 말이 채 끝나기 무섭게 혜민이가 끼어듭니다.

"제민이는 좀 겁내긴 했지만 전 하나도 무섭지 않았어요. 잘해 낼 자신이 있었다니까요?"

"뭐? 내가 언제?"

"솔직히 너 겁났잖아. 잔뜩 긴장해 가지고."

사촌 동생들 앞에서 이게 웬 망신입니까. 제민이는 혜민이에게 눈을 한번 흘기고 어머니에게 묻습니다.

"그런데 대체 그 선글라스 아저씨는 누구예요?"

"그 선글라스 아저씨는 말이지, 외삼촌 친구인데⋯⋯."

"이 녀석, 정말 이 아저씨를 기억 못하는 거냐?"

제민이는 화들짝 놀라 뒤를 돌아봅니다. 선글라스 아저씨가 껄껄껄 웃고 있습니다. 정말이지 오늘 하루 종일 제민이를 괴롭힐 작정인가 봅니다. 아저씨는 제민이의 테이블 옆 자리로 의자를 당겨 앉습니다. 볼멘 표정으로 아저씨를 흘긋거리던 제민이의 머릿속에 갑자기 후닥닥하고 스쳐 지나가는 얼굴이 하나 있습니다. 이 선글라스 아저씨는 바로⋯⋯.

"덕호 아저씨!"

덕호 아저씨는 환하게 웃으며 제민이의 볼을 꼬집습니다.

"이제야 생각났구나, 요 녀석!"

제민이의 얼굴에도 환한 웃음꽃이 핍니다. 덕호 아저씨는 외삼촌이 제민이네 집에서 학교를 다닐 때 집에 자주 놀러 왔던 외삼촌 친구입니다. 언젠가 제민이가 떡을 먹고 급체했을 때 제민이를 돌봐 줬던 바로 그 아저씨지요.

엄마가 흐뭇하게 웃으며 말을 잇습니다.

"너희끼리 오라고 하기가 영 불안해서 말이야, 마침 덕호가 삼촌 결혼식에 사회를 보러 내려온다기에, 몰래 너희를 좀 지켜봐 달라고 부탁했단다."

"그랬군요. 어쩐지, 모르는 아저씨가 너무 참견하시더라!"

"하하하! 녀석들, 나 아니었으면 휴게소에서 미아 될 뻔했으면서, 안 그래?"

제민이와 혜민이는 멋쩍게 웃음을 터뜨립니다.

"아저씨를 알아볼까 봐 일부러 선글라스를 끼고 가기는 했는데, 역시 못 알아보더구나. 내가 얼마나 서운했는지 아니?"

"죄송해요, 생각이 날 듯 말 듯하면서 안 나더라고요. 그동안 한

번도 저희 집에 안 놀러 오셨으니 그렇죠."

투정 어린 제민이의 말에 이번에는 엄마가 대신 대답을 해 주십니다.

"아저씨는 요즘 아프리카에서 불쌍한 어린이들을 돌보고 계신단다. 이번에 외삼촌 결혼식에 참석하려고 잠깐 들어오신 거야."

"네? 정말요?"

덕호 아저씨는 제민이의 머리를 쓰다듬어 주시며 말씀하십니다.

"그래, 지금도 아프리카 아이들은 병이 들어도 약을 구하지 못해 치료를 할 수 없단다. 의사 선생님께 치료를 받기란 더더욱 힘들고 말이야. 너희 또래의 아이들이 아프리카에서는 굶어 죽기도 해. 그러니 너희들, 너무 반찬 투정하거나 욕심 부려서 음식 많이 남기면 안 된다."

"네."

제민이는 부끄러웠지만 이제 선글라스 아저씨가 새롭게 보입니다. 하기야 울산 오는 길에 교통사고가 났을 때 가장 먼저 달려가 부상자들을 살피던 아저씨 모습이 범상치 않다고 생각은 했습니다. 그래도 정말 의사였을 줄 누가 알았겠어요?

"아프리카에서 지내다 보니 이렇게 얼굴이 새까맣게 타 버렸단다. 그래서 아마 제민이가 나를 더 못 알아본 모양이다."

"네, 맞아요. 살도 많이 빠지셨어요."

"하하하!"

아저씨는 제민이가 귀여워 죽겠다는 듯 머리를 다정스럽게 쓰다듬어 주십니다.

"녀석, 학교 다닐 때 봤을 때는 만날 울기만 하는 꼬맹이였는데, 이제 이렇게 커서 혼자 울산까지 내려올 생각을 다 하고……세월참, 빠르다."

"아저씨도 참, 제가 언제 만날 울기만 하는 꼬맹이였다고 그러세요?"

"요 녀석아, 아까 너 버스 놓칠 뻔했을 때도 울먹울먹했잖아?"

"제가 언제요!"

아저씨는 너털웃음을 지으십니다. 제민이는 덕호 아저씨를 다시 만나게 된 것이 그저 신기할 따름입니다. 오는 길에는 그렇게 얄미웠던 아저씨가, 지금은 어찌나 정겨운지 모릅니다.

피로연은 뷔페식입니다. 제민이는 자기가 좋아하는 새우튀김과 초밥, 잡채 따위를 접시에 한가득 담아 왔습니다. 군것질을 좋아하는 혜민이는 빵과 떡만 한 접시를 가져왔다가 이모에게 핀잔을

듣고 다시 밥을 가지러 갔습니다. 덕호 아저씨는 음식이란 음식은 다 담아 온 것 같습니다.

"이렇게나 많이 드세요?"

"아프리카에 오래 있다 보니 한국 음식이 너무 그리워서 말이야. 먹을 수 있을 때 많이 먹어야지, 허허!"

"그건 칠정 가운데 욕심인데요. 아프리카 아이들은 먹을 것이 없어서 굶어 죽기도 한다고요. 먹을 만큼만 가져오셔야죠!"

아저씨는 한바탕 웃으십니다.

"그래그래, 맞다 맞아. 아니 근데, 언제 사단칠정 공부를 다 했어? 오는 길에는 하나도 모른다고 하더니만."

"모르긴요. 희(喜), 노(怒), 애(哀), 구(懼), 애(愛), 오(惡), 욕(欲), 이게 바로 칠정이라고요."

"녀석, 벌써 칠정을 다 외운 거냐?"

"당연하죠, 명색이 기대승 선생님 후손인데 이 정도는 알아야 하는 거 아니에요?"

"쳇, 잘난 척하긴. 애 좀 전에 외할머니한테 물어봐서 아는 거라니까요."

언제 왔는지, 혜민이가 톡 끼어들며 새침하게 말합니다. 제민이는 멋쩍은 마음에 혜민이를 흘겨봅니다. 얘는 어째서 이렇게 사사건건 제민이의 트집을 잡는지 알다가도 모를 일입니다.

아저씨는 그저 빙그레 웃기만 하십니다.

"그래, 제민이 말이 맞다. 우리가 사물을 대할 때 생기는 감정을 칠정이라고 하는데, 너희 외삼촌이 너희 외숙모를 처음 보았을 때 생긴 감정은 바로 사랑하는 마음, 즉 '애(愛)'란다."

"칠정이 사물을 대할 때 생기는 감정이에요? 그럼 사단은요?"

"사단에는 어떤 것들이 있지? 남을 불쌍하게 여겨 돕고자 하는 마음……."

"측은지심이요!"

"그렇지, 또 잘못을 부끄러워하는 마음……."

"수오지심이요!"

"양보하는 마음은?"

"사양지심이요!"

"그럼 옳고 그름을 가리는 마음은?"

"시비지심이요!"

"그래, 잘 아는구나. 외할머니께 아주 잘 배웠어. 지금 이야기한 사단은 인간이면 마땅히 지녀야 하는 네 가지의 선한 마음이란다."

제민이와 혜민이는 밥 먹을 생각도 까맣게 잊고 덕호 아저씨의 말씀을 듣습니다.

"제민이와 혜민이가 울산으로 오는 길에 영구차 앞에서 울고 있는 사람들을 봤지? 그때 기분이 어땠지?"

"슬펐어요, 그분들이 애통해하며 우시는 모습을 보니 너무 슬펐어요."

"그랬구나. 그럼, 버스가 떠나려고 했을 때는?"

"두려웠어요!"

"맞아요, 버스가 우리를 두고 떠날까 봐 두려웠어요."

"그래, 이렇게 우리가 어떤 사물을 보거나 상황을 접했을 때 자연스럽게 우러나오는 감정이 바로 칠정이란다. 기쁜 감정, 화나는 감정, 슬픈 감정, 두려운 감정, 사랑하는 감정, 미워하는 감정, 탐내는 마음 등 일곱 가지 감정을 칠정이라고 하는 거야. 칠정에는 좋은 감정들도 있지만 좋지 않은 감정들도 있는데 바로 이게 사단과의 차이점이란다. 이제 알겠니?"

"네, 사단은 모두 좋은 감정들이고, 칠정은 좋은 감정과 나쁜 감정이 섞여 있어요."

아저씨는 흐뭇한 표정으로 웃고 계십니다.

"역시 기대승 선생의 후예답구나."

제민이가 한창 자랑스러운 기분에 젖어 있는데, 예복으로 갈아입은 신랑 신부가 피로연장으로 들어오는 모습이 보입니다. 이제 부부가 된 삼촌과 외숙모는 하객들의 테이블을 돌며 인사를 올립니다. 삼촌의 입은 여전히 귀에 걸려 있습니다. 누가 봐도 행복해 보이는 한 쌍입니다.

"덕호야!"

"그래, 인마, 축하한다!"

삼촌과 덕호 아저씨는 힘껏 포옹하며 크게 웃습니다.

"그래, 고맙다. 오늘 사회도 재미있게 봐 주고, 근데 뭐? 미녀와 야수?"

삼촌의 말에 모두들 한바탕 웃습니다.

"외숙모, 축하해요!"

"저도요, 저도 축하드려요!"

제민이와 혜민이의 인사에 외숙모는 환하게 미소를 지으며 좋아하고 삼촌은 쑥스러운지 괜히 제민이의 머리만 쓰다듬으며 껄껄 웃습니다.

"아니, 애들은 벌써부터 외숙모 편이네, 나한테는 축하한다는 말도 안 하냐?"

제민이는 배시시 웃을 뿐입니다. 이제는 외삼촌보다 외숙모가 더 좋아지는 걸 어쩌겠어요? 외삼촌과 외숙모가 다른 테이블로 가고 나자 제민이는 덕호 아저씨를 돌아보며 말합니다.

"외삼촌이 외숙모를 사랑하는 마음을 바로 '애(愛)'라고 하는 거죠? 이것도 칠정에 속하는 거고요."

"또 사단은 외삼촌의 결혼을 축하하러 온 사람들의 마음이라고도 할 수 있겠네요. 누군가의 좋은 일을 축하해 주고 함께 기뻐하는 마음, 이보다 선한 마음이 또 있을까요?"

"맞아, 그리고 모두들 기뻐하는 마음은 칠정 가운데 하나인 '희(喜)'라고도 할 수 있겠지?"

"네!"

"물론 이중에 가장 기쁜 사람은 신랑 신부겠지만 말이야."

"맞아요!"

제민이는 덕호 아저씨와 밤새도록 이야기를 나누고 싶습니다.

"아저씨, 아프리카는 언제 돌아가세요?"

"내일 바로 떠나야 한단다."

"정말요?"

"그래, 너희 외삼촌 결혼식이라서 급히 온 거야. 나와 제일 친한 친구 결혼식인데 빠질 수야 없지."

제민이는 아쉬운 마음을 감추지 못합니다.

"그럼 서울로 올라가실 때만이라도 우리 차를 타고 가세요. 아저씨랑 밤새도록 이야기하고 싶었단 말이에요."

"무슨 얘기? 사단칠정 이야기?"

"네!"

"하하하! 녀석, 그야말로 고봉 기대승 선생과 퇴계 이황 선생의 사단칠정 토론이 재연될 뻔했구나."

"사단칠정 토론이라뇨?"

"1558년 10월, 서른두 살의 나이로 과거에 막 급제한 고봉 기대승은 퇴계 이황 선생을 만나기 위해 그가 살고 있는 서소문 안으로 찾아가지. 기대승 선생은 전라도 광주 출신이었고, 이황 선생은 영남 지방 출신이었단다. 하지만 두 분 사이의 물리적인 거리가 그분들의 학문적인 열정까지 막을 수는 없었지. 기대승 선생이 이황 선생을 찾아뵌 후 천리 밖 먼 거리를 두고 8년에 걸쳐 편지로 사단칠정에 관한 논쟁을 벌였던 걸 보면 말이야."

"아하! 그럼, 제가 기대승 선생이 되고, 아저씨가 이황 선생이 되는 건가요?"

"그런 셈인가? 하하하! 그럼, 아저씨가 아프리카로 돌아간 뒤에도 제민이가 편지를 보내 주면 되겠구나. 기대승 선생과 이황 선생도 편지로 왕래하며 토론을 벌였으니 말이야."

"좋아요, 그럼 제가 아저씨께 편지를 보낼게요."

이제 외삼촌 내외가 하객 분들께 인사를 모두 마치고, 신혼여행을 떠나려나 봅니다. 제민이는 자리에서 벌떡 일어나 외삼촌 내외를 향해 손을 흔들어 보입니다.

외삼촌의 결혼식은 정말 기쁘고 즐거운 시간이었습니다. 제민이와 혜민이가 이곳까지 스스로 찾아왔기 때문에 더욱더 보람이 큰 건지도 모르겠습니다. 또, 덕호 아저씨까지 만나게 되었으니 말이에요!

칠정이란?

　칠정(七情)은 사물을 보거나 대할 때 생기는 일곱 가지 감정을 말합니다.

　먹음직스러운 빵을 보면 먹고 싶고, 기쁜 일이 생기면 마음이 저절로 즐겁고, 누가 나에게 심한 장난을 치면 화가 나는 감정들은 모두 칠정에서 비롯됩니다.

　또한 나쁜 일이 일어나지 않길 바라는 마음, 다치거나 죽는 것에 대한 두려움 등도 칠정으로부터 오는 마음입니다.

　이러한 칠정 역시 앞서 살펴보았던 사단과 마찬가지로 인간이 태어나면서부터 갖게 되는 감정입니다. 사람들은 주로 희(喜) · 노(怒) · 애(哀) · 락(樂)만을 언급하곤 합니다. 그런데 기뻐하고, 노여워하고, 슬퍼하고, 즐거워하는 네 가지 감정을 더 세분화시키면 일곱 가지 감정으로 나눌 수 있습니다. 이 일곱 가지 감정을 우리들이 갖는 모든 감정이라고 보면 됩니다. 그 일곱 가지 감정은 다음과 같습니다.

* 희(喜) : 기뻐하는 감정

* 노(怒) : 분노하는 감정

* 애(哀) : 슬퍼하는 감정

* 구(懼) : 두려워하는 감정

* 애(愛) : 사랑하는 감정

* 오(惡) : 미워하는 감정

* 욕(慾) : 욕심, 탐내는 감정

사단은 좋은 세상을 만들 수 있는 실마리나 뿌리이고, 칠정(七情)은 사물을 보거나 대할 때 생기는 일곱 가지 감정입니다. 따라서 네 가지 마음에서 일곱 가지 감정이 생긴다고 보면 됩니다.

측은지심 · 수오지심 · 사양지심 · 시비지심 · 희 · 노 · 애 · 구 · 애 · 오 · 욕, 이렇게 해서 바로 사단칠정(四端七情)이 되는 것입니다.

사단칠정을 쓰임에 따라서는 '사칠'이라고 줄여서 말하기도 합니다. 그리고 이 사단과 칠정에 관한 토론을 '사단칠정 논쟁' 또는 '사칠 논쟁' 또는 '사칠 논변'이라고 부르기도 한답니다.

4

진정한 고봉 선생의 후예로 거듭나다

 사단은 보다 밝은 '수중월(水中月)'이고, 칠정은 보다 어두운 '수중월(水中月)'일
뿐이다.

-고봉 기대승

1 할머니가 주신 용돈

　내려오는 길은 그렇게도 설레고 흥분되더니, 서울로 돌아가는 길은 한껏 긴장이 풀어져서인지 지루하기만 합니다. 재미있는 이야기를 많이 들려주실 줄 알았던 덕호 아저씨는 등받이에 등을 기댄 채 쿨쿨 잠만 주무십니다.

　엄마의 승용차에는 엄마, 이모, 덕호 아저씨, 제민이, 혜민이 이렇게 모두 다섯 명이 탔지만 이야기를 하는 사람은 아무도 없습니다. 조수석에 앉은 이모도, 뒷좌석의 덕호 아저씨와 혜민이도 꾸벅꾸벅 졸고 운전대를 잡은 엄마와 제민이만 겨우 눈을 뜨고 있을 뿐입니다. 제민이는 심심해서 죽을 지경입니다. 이럴 줄 알았으면 서울까지 돌아가는 길도 버스를 타고 갈 걸 그랬다는 생각이 듭니다.

"제민이, 할머니께 용돈 받았지?"

엄마의 물음에 어쩐지 대답하기가 싫습니다. 엄마는 제민이의 돈을 대신 관리해 주겠다는 명목으로 설이나 추석 때 받은 제민이의 용돈을 그대로 가져가 버리십니다. 말이 대신 관리해 주시는 거지, 사실 엄마의 손에 일단 돈이 들어가면 다시는 그 돈을 구경할 수 없게 됩니다. 이번에도 그렇게 될까요? 망설이던 제민이는 마지못해 대답합니다.

"네, 하지만 쓸 데가 있어요."

"어디에?"

제민이는 말문이 막힙니다. 사실 딱히 용돈을 써야 할 데가 있었던 건 아니기 때문입니다.

"아무튼 그런 게 있어요."

제민이는 제법 어른처럼 건방지게 대답한 채 눈을 감고 자는 척합니다.

2 방기? 방귀!

쿵!

갑자기 쿵 하고 차가 멈추는 소리에 졸고 있던 제민이가 화들짝 놀라 잠에서 깹니다. 이모와 혜민이도 놀랐는지 감고 있던 눈이 동그랗게 떠집니다. 어머니께서 브레이크를 빨리 밟았기에 망정이지 하마터면 앞차와 부딪힐 뻔했습니다.

"이모, 무슨 일이에요?"

혜민이가 걱정스러운 듯 묻습니다.

"앞차 운전자가 졸음운전을 한 모양이야."

엄마의 대답에 이번에는 제민이가 끼어들며 묻습니다.

"엄마가 조신 게 아니고요?"

"아니야, 난 안 졸았어."

"아니 도대체 저 사람은 어딜 보고 운전하는 거래?"

이모는 화가 단단히 나신 듯합니다.

"제민이, 다친 데는 없니?"

"네, 괜찮아요."

"혜민이는?"

"저도 괜찮아요."

"덕호 씨는요?"

덕호 아저씨가 아무 대답이 없자 모두의 눈이 아저씨를 향합니다. 그런데 이게 웬일일까요? 덕호 아저씨는 여전히 코를 골며 잠에 빠져 계십니다. 사고가 난 줄도 모르는 모양입니다.

"아저씨, 좀 일어나 보세요, 지금 사고 날 뻔했다고요!"

덕호 아저씨는 그제야 길게 하품을 하며 눈을 뜨십니다.

"어디, 어디 사고가 났어?"

"사고가 난 게 아니고, 사고가 날 뻔했다고요. 저 앞차 운전자가 졸음운전을 했대요."

"아니, 저 사람은 졸리면 어디에 잠시 차를 세웠다가 눈을 붙이고 가던가 해야지…… 하마터면 큰일 날 뻔했네요."

어머니는 아직도 화가 많이 나신 듯합니다. 그런데 성이 잔뜩 난 어머니와는 달리, 덕호 아저씨는 빙긋이 웃으시며 제민이를 돌아봅니다.

"자, 지금의 어머니 마음을 칠정 가운데 찾는다면 어떤 마음일까요?"

"글쎄요……."

아리송하기만 한 아저씨의 질문에 제민이가 고개를 갸웃거리자 혜민이가 톡 끼어들어 대답합니다.

"분노하는 마음이니까, '노(怒)' 겠지요."

"혜민이 말이 맞다. 제민이 어머니께서 상대 운전자를 미워하는 마음도 드셨을 테니까, '오(惡)' 라고도 할 수 있겠지."

덕호 아저씨가 어머니를 놀리듯 말하자 어머니는 어이없다는 듯 피식 웃으십니다. 제민이도 소리 내어 웃습니다.

"사단칠정이 이렇게 재미있을 줄이야…… 저도 이제 칠정을 다 외웠어요."

"그래? 어디 한번 들어 볼까?"

"희, 노, 애, 구, 애, 오, 욕, 이렇게 일곱 가지를 칠정이라고 하는데 희는 기뻐하는 마음, 노는 분노하는 마음, 애는 슬퍼하는 마음, 구는 두려워하는 마음, 애는 사랑하는 마음, 오는 미워하는 마음, 마지막으로 욕은 탐내는 마음이에요."

"이야, 제민이 정말 똑똑하네."

덕호 아저씨께서 제민이를 칭찬해 주십니다. 하지만 제민이는 아직도 궁금한 게 있습니다.

"그런데 덕호 아저씨, 전 또 한 가지……."

쿵!

뽕!

이번에는 덕호 아저씨도 크게 놀랐습니다.

"무슨 일이에요?"

"아까 그 총각이 이번에는 차 뒤를 받아 버린 모양이다."

어머니의 말씀대로입니다. 뒤를 돌아보니 아까 제민이네 앞쪽에서 졸음운전을 하던 그 차가 이제는 차 뒤쪽에 바짝 붙어 있습니다. 졸음운전을 했던 그 차를 피해 추월을 했더니 이번에는 차 뒤를 받아 버린 것입니다. 차에서 내린 총각이 제민이네 차 쪽으로 다가옵니다. 눈이 게슴츠레한 것을 보니 아직도 졸음이 채 가시지

않은 모양입니다.

"아주머니, 죄송합니다. 제가 좀 졸았나 봐요."

"아니, 이봐요! 젊은 사람이 조심해서 운전해야지, 방심하면 돼요? 생명과 바로 직결되는 게 바로 운전인데…… 여기는 애들도 타고 있다고요. 다친 사람이 없으니까 망정이지."

어머니께서 머리끝까지 화가 나신 듯 상대 운전자에게 훈계를 늘어놓고 계시는데, 여기저기서 빵빵대는 소리가 들립니다. 가뜩이나 혼잡한 도로 사정이 두 차의 충돌 사고로 더욱 안 좋아졌기 때문입니다. 어머니는 차에서 내려 뒤쪽 범퍼를 살펴보시고는 상대 운전자에게 말씀하십니다.

"앞으로는 조심하세요. 졸리거든 어디에 잠깐 차를 세워 두고 눈 좀 붙이고 가던가. 오늘은 내가 큰맘 먹고 참는 거예요."

"네, 정말 죄송하게 됐습니다."

제민이네 차에 빨간 페인트 자국이 생기기는 했지만 어머니는 별말씀 없이 그냥 차에 올라타십니다.

"언니, 보험 처리해야 하는 거 아니야?"

"됐어, 다친 사람도 없는데 뭐."

엄마와 이모가 심각한 얼굴로 대화를 나누는데, 제민이는 그저 웃음만 나옵니다. 어머니는 그런 제민이가 의아한 듯 물으십니다.

"뭐가 그렇게 웃겨?"

"차에서 이상한 냄새 나지 않아요?"

제민이 어머니는 코를 킁킁거리십니다.

"응, 정말! 이게 무슨 냄새지?"

"아까 쿵 하고 차가 부딪혔을 때요, 덕호 아저씨께서 뿡 하셨거든요!"

제민이의 폭로에 어머니는 물론 이모까지 웃음을 터뜨리십니다. 덕호 아저씨의 얼굴이 시뻘건 군고구마처럼 달아오릅니다.

"놀라서 그래, 이 녀석아. 아까 그 총각이 방심하는 바람에 큰일 날 뻔했잖니. 오늘이 휴일 오후라 고속도로 사정이 좋지 않아서 느리게 달렸으니 망정이지, 만약에 평상시대로 속도를 냈다가는 정말 큰 사고가 날 뻔했지 뭐냐. 그래서 방심은 금물이야."

덕호 아저씨는 어떻게든 자신이 뀐 방귀에 대해 변명하고 싶으신 모양입니다.

"제민이, 그거 아니? 방귀는 원래 방기였다는 거 말이야."

"네? 아까는 방심이더니, 이제는 방기네요?"

"그래, 제민이 참 똑똑하구나. 맞아, 놓을 방(放)에 마음 심(心)

그래서 바로 방심(放心)이지. 그리고 놓을 방(放)에 기운 기(氣) 니까 방기(放氣)이고. 여기서 기는 바로 운동하는 것으로서 가스, 수증기, 에너지, 기운 등이 모두 여기에 속한단다. 그런데 이 방기 가 나중에 방귀로 된 거지."

"아하, 그럼 우리 차를 박은 사람은 방심한 거고, 아저씨는 방기 한 거네요? 가스를 놓았으니까요, 히히!"

"허험, 요놈 참. 이제 방귀 얘기는 그만하자."

아저씨의 얼굴이 또다시 빨개지는 것을 보고 제민이는 더 이상 아저씨를 놀리지 않기로 했습니다. 자칫하면 또 한번 심술을 부리 실지도 모르니까요. 하지만 고약한 냄새가 여전히 차 안을 가득 메우고 있어서 웃음을 참기가 쉽지 않습니다. 아마 아저씨는 피로 연장에서 너무 많이 잡수셨나 봅니다.

3 제민이, 목이 메다

오던 길에 들렀던 휴게소가 보이자, 어머니는 차를 돌리십니다.

"잠깐 쉬었다가 가자. 화장실에 다녀올 사람은 다녀오고."

"버터구이 오징어 사 먹어도 돼요?"

"피로연장에서 그렇게 먹고 또 먹고 싶니?"

"벌써 저녁 먹을 시간인데요, 뭐."

덕호 아저씨가 제민이를 거들어 줍니다.

"그래요, 출출한데 요기나 하고 갑시다."

이모도 출출하신지 저녁을 먹고 가자고 부추깁니다. 엄마는 집에 혼자 계실 아빠가 걱정이 돼서 빨리 가고 싶은 눈치지만, 제민이와 혜민이는 벌써 휴게소로 뛰어들어 가 저녁 식사 메뉴를 고르고 있습니다.

"정말 고민 되네, 왜 이렇게 사고 싶은 게 많은 거야?"

"그러게 말이야, 휴게소 음식은 다 맛있어 보인다니까?"

"으이구, 휴게소 음식 말고!"

혜민이가 영문을 모르겠다는 표정으로 제민이를 빤히 바라보자, 제민이는 답답하다는 듯 말을 잇습니다.

"외할머니가 주신 용돈 말이야. 그걸로 대체 뭘 할까 걱정이라니까."

"아, 그 돈? 맞아, 나도 걱정이야. 우물쭈물거리다간 엄마 손에 들어가 버릴 게 빤하잖아."

"그래, 뭔가 의미 있게 돈을 쓸 만한 데를 찾아야겠어."

"역시 저축하는 게 최고 아닐까? 아니면, 영어 문제집을 사든가."

"에휴, 넌 이럴 때도 영어 문제집밖에 생각나는 게 없냐?"

제민이와 혜민이가 티격태격하는 동안 어른들은 자장면과 쇠고기덮밥을 사서 자리에 앉습니다. 제민이와 혜민이도 언제 그랬냐는 듯 용돈 생각은 까마득하게 잊어버리고 얼른 테이블로 가서 앉습니다. 금강산도 식후경이니까요!

"이렇게 부실한 자장면이 5,000원이라니 비싸도 너무 비싸네."

덕호 아저씨의 말에 어머니께서 말씀하십니다.

"요새는 다 그래요, 물가가 얼마나 비싼데요. 시장에 나갈 때 5만 원 들고 나가면 살 게 없다니까요."

"세상에!"

"덕호 씨가 하도 오랜만에 한국에 들어와서 아직 적응이 안 돼서 그런 거예요."

"제가 있던 아프리카에서는 천 원이면 아이들 하루 식비가 다 해결되죠. 천 원이 없어서 굶어 죽는 애들도 많다니까요."

"저런, 불쌍해라."

"참 안타까운 일이지요. 이 자장면 한 그릇이면 다섯 명의 어린 애들이 하루 끼니를 때우고, 살 수 있다니……."

덕호 아저씨의 말에 제민이는 어쩐지 목이 메는 것 같습니다. 그동안 반찬 투정만 해 왔던 것도 몹시 부끄러워지고요. 이게 바로 수오지심일까요?

4 사단칠정이 드러나다

식사를 마치고 차에 탄 후에도, 제민이는 계속 아프리카에서는 천 원이 없어 아이들이 굶어 죽어 간다는 생각으로 머릿속이 꽉 차 있습니다. 아마 혜민이도 마찬가지인가 봅니다. 아까와는 달리 아무도 자는 사람이 없습니다.

"혜민아, 외할머니가 주신 용돈으로 뭐 할지 생각해 봤니?"

소곤소곤 제민이의 묻는 말에 혜민이는 고개를 가로젓습니다.

"글쎄, 덕호 아저씨의 이야기를 듣고 보니까, 갑자기 이 돈이 굉

장히 소중하다는 생각이 들어…… 어디다 써야 할지 도통 모르겠어."

"사실 나도 그래."

"자칫 방심하다가는 군것질 따위로 어영부영 다 날려 버리고 말
거야."

제민이는 방금 배운 방심이라는 단어를 사용해 제법 의젓하게
말합니다. 혜민이도 고개를 끄덕입니다. 이때 제민이의 머릿속에
퍼뜩 좋은 생각이 떠오릅니다.

"우리 이걸, 덕호 아저씨께 드리면 어떨까?"

"덕호 아저씨께?"

"그래, 너랑 내가 외할머니께 받은 용돈을 합치면 아프리카 어린
이들을 도울 수 있잖아. 이 돈으로 옷이나 게임 CD를 사는 것보
다는 먹을 게 없어 굶어 죽는 애들을 위해 쓴다면 더 보람 있을 것
같아."

"와! 김제민, 그런 생각도 다 하고…… 많이 컸네."

"당연하지, 내가 너보다 오빤데."

"뭐?"

"너희들, 뭘 그렇게 둘이서만 재밌게 소곤거리니?"

덕호 아저씨가 묻습니다.

"아, 저희가요……."

제민이가 먼저 말하려는데 혜민이가 톡 끼어들어 대신 이야기합니다.

"오늘 외할머니께 받은 용돈을, 아프리카에 있는 친구들에게 보내 주기로 결정했어요!"

"제 생각이에요!"

"그래, 누구 생각이든, 정말 잘 생각했다. 아프리카에 있는 친구들이 제민이와 혜민이에게 많이 고마워할 거야."

덕호 아저씨는 제민이와 혜민이가 기특하다는 듯 머리를 쓰다듬어 주십니다. 엄마와 이모의 얼굴에도 환한 웃음꽃이 핍니다.

"우리 제민이, 혜민이…… 어느새 정말 어른이 다 됐구나."

"그럼요, 울산까지도 혼자 내려왔는걸요. 선글라스 아저씨가 태클만 안 거셨더라면 더 재미있는 여행이 됐겠지만요."

제민이의 말에 모두들 웃음을 터뜨립니다. 제민이와 혜민이는 할머니께 받은 용돈을 모아 덕호 아저씨께 드립니다.

"아저씨가 아프리카로 돌아가면, 그곳의 친구들과 함께 찍은 사진을 보내 주마. 너희들의 측은지심에 그 친구들도 참 고마워할 거야."

얼마 안 되는 돈이지만 이로 인해 배불리 식사할 아프리카 친구들을 생각하니 기분이 너무나 좋습니다. 비록 만화책도 게임 CD도 살 순 없지만, 제민이는 큰 부자가 된 느낌입니다. 몸으로 직접 실천하고 나니 사단칠정의 진정한 의미를 깨달은 것도 같습니다.

어머니의 말씀대로 이번 울산 여행은 제민이의 마음을 훌쩍 자라게 해 주었습니다. 집으로 돌아가 아버지께 이 모든 이야기를 들려 드릴 생각을 하니 벌써부터 제민이의 마음이 설레기 시작합니다. 서울을 알리는 이정표가 보이고 있습니다.

철학 돋보기

실천의 밑거름인 사단칠정

　물건을 아껴 쓰고 돈을 절약하여 아프리카에서 굶주리는 친구들을 위해 기부한다면 이것은 사단칠정 중 어떤 마음에 해당될까요?

　맞습니다. 이것은 사단 중에 측은지심이 드러나서 사랑을 실천하는 경우입니다. 측은지심으로 인해 내 호주머니에 있던 돈이 사랑을 실천하는 데 쓰인다면, 이것은 정말 좋은 마음이겠지요?

　우리는 눈앞에 맛있는 음식이 있으면 기쁘고, 슬픈 영화를 보면 슬프며, 호랑이를 만나면 두려운 마음이 생깁니다. 또한 좋아하는 여자 친구를 보면 예쁘다는 느낌이 들고, 자기만 생각하는 욕심쟁이를 보면 미워하는 마음이 생기고, 멋진 보물을 보면 가지고 싶은 욕망이 들겠지요?

　이것들은 다 우리들의 눈ㆍ코ㆍ입ㆍ귀ㆍ피부와 같은 신체 기관을 통해 보고 느끼는 것들이며, 이러한 작용들로 인해 우리의 마음이 움직이며 다양한 감정이 생겨나는 것입니다.

　눈만 뜨면 우리 마음에서는 모든 감정, 즉 칠정이 일어납니다. 따라

서 우리는 자신의 마음을 다스리고, 감정을 잘 조절할 줄 알아야 합니다.

여기서 한번 잘 생각해 봅시다.

사단은 모두 좋은 마음이지만 칠정에는 좋은 감정도 있고, 나쁜 감정도 있습니다. 예를 들어 '다른 사람의 잘못된 행동을 보고 분노하여 지적해 준다(시비지심)'면 좋은 마음이라 할 수 있지만, '내 짝이 나보다 공부를 잘한다는 이유로 질투하고 미워한다(오)'면 나쁜 마음일 것입니다.

따라서 우리는 각자의 사단칠정을 잘 다스리고 긍정적인 방향으로 이끌어야 하며, 때로는 우리의 내부에서 비롯되는, 비뚤어진 감정을 멈추고, 어떤 마음으로 사물을 대해야 할지 차분히 생각해 봐야 합니다. 이럴 때에 우리 자신의 행복은 물론이고 온 세상이 사랑과 평화의 마음으로 가득할 것입니다. 이렇듯 사단칠정은 마음속 생각만이 아니라 좋은 방향으로 몸소 실천해 낼 때 진정한 의미의 삶의 규범과 실천 철학으로 되살아난다고 할 수 있습니다.

에필로그

따르릉!

"여보세요? 네, 잠시만요, 바꿔 드릴게요. 엄마, 전화 받으세요."

전화를 받은 엄마는 전화기를 들고 주방으로 가 버리십니다. 제민이는 뭔가 이상하다는 듯 고개를 갸웃거렸지만 곧 자신이 좋아하는 게임에 몰두해 있습니다.

"어, 그래 덕호야. 언제 들어왔니? 이번에 승근이 결혼식에 간다고 들었는데, 언제 내려가니?"

"네, 모레 주말에나 가려고요. 오늘 새벽에 도착해서 쉬고 있어요. 내일은 오랜만에 친척들이랑 어른들 찾아뵙고 인사 드리려고요. 울산에서 올라오자마자 바로 아프리카로 떠나야 해서요.

"아, 그래? 많이 피곤하겠구나. 그래도 우리 승근이 결혼식이라고 아프리카에서 일부러 와 줘서 너무 고맙다."

"아닙니다, 승근이 결혼식인데 당연히 와야죠."

"그래, 네가 울산까지 간다고 해서 하는 말인데, 실은 내가 부탁이 하나 있는데……."

"네, 승근이한테 대충 얘기 들었어요. 걱정하지 마세요, 제가 같이 갈게요. 재밌겠는걸요, 뭘."

"제대로 쉬지도 못하고 내려가는데 애들까지 돌봐야 해서 힘들 텐데…… 그래도 이렇게 흔쾌히 들어줘서 고맙다."

"아니에요, 제가 누님께 진 신세가 얼만데요. 그리고 그동안 제민이 녀석 얼마나 컸는지도 보고 싶고요. 그 녀석이 저를 알아볼지 못 알아볼지도 궁금하고요. 혹시 모르니 선글라스도 끼고 나름대로 분장을 하기는 하겠지만, 만약에 못 알아보면 정말 서운할 것 같은데요. 그래도 제민이 어릴 적에 제가 많이 예뻐하고 놀아 줬잖아요."

"그래, 그래. 잘 부탁한다."

"걱정 마시고 미리 울산에 내려가 계세요. 그리고 제가 중간중간 전화 드릴게요."

"그래, 잘 부탁한다."

제민이는 여전히 게임에 몰두하고 있습니다.

통합형 논술
활용노트

01 제민이는 삼촌 결혼식에 가는 길에 선글라스 아저씨로부터 '사단칠정'에 관한 이야기를 듣게 됩니다. 사단(四端)은 인간의 본성에서 우러나오는 마음을 말하며, 칠정(七情)은 인간의 본성이 사물을 접하면서 갖게 되는 인간의 자연적인 감정을 말합니다. 그중 사단의 내용을 구체적으로 정리해 봅시다.

02 제민이는 울산으로 가는 버스 안에서 어릴 적 혜민이와 싸웠던 기억을 떠올립니다. 그 부분을 읽고 사단칠정과 관련 지어 서술해 봅시다.

03 다음 글을 읽고 사단 중 어떤 마음이 통하는 부분인지 생각해 보고
그 사단의 내용과 관련지어 정리해 보세요.

[보기] 우리 반 태웅이는 전교에서 가장 힘센 아이로 소문난 아이입니다.
태웅이가 복도에 한번 떴다 하면 모든 아이들이 슬금슬금 자기 교실로 들어
가기 바쁩니다. 가람이는 늘 그런 태웅이가 못마땅합니다.

'덩치 좀 크면 다냐? 애들이나 괴롭히고 덩칫값도 못하는 주제에' 라고 얘기
하고 싶지만 가람이는 정작 용기가 나지 않습니다.

가람이가 화장실에 가려고 복도를 지나가는 길이었습니다. 태웅이가 민경이
를 괴롭히는 모습이 보입니다. 태웅이는 민경이의 땋은 머리를 잡고 마구 흔
들어 대고 있습니다.

"야, 강태웅! 아, 아파. 놔, 내 머리 좀 놔 줘."

"내가 왜 네 머리를 놔 주냐? 이게 얼마나 재밌는데."

민경이는 머리가 아파서인지, 태웅이가 미운 마음에 분을 못 이겨서인지 결
국 울음을 터뜨리고 말았습니다. 저는 갑자기 민경이를 태웅이로부터 구해
내야겠다는 생각이 들었고 그 마음이 점점 커지자 저도 모르게 태웅이에게
소리를 질렀습니다.

"야, 강태웅! 너 그 손 놓지 못해?"

정말 엄청난 용기가 아닐 수 없습니다.

"왜? 민경이가 너 여자 친구라도 되냐?"

하지만 곧 태웅이의 말에 기가 죽은 저는 저도 모르게 그만 말을 더듬으며 쭈뼛쭈뼛했습니다.

"그, 그게 아니라…… 치, 친구를 괴롭히는 건 어, 어떤 이유에서건 나쁜 짓이니까. 민경이는 너한테 잘못한 게 없는데, 네가 아무 이유 없이 민경이를 괴롭히는 거잖아!"

04 다음 본문의 내용을 되짚어 보고, 이 내용에 해당하는 부분을 칠정에서 찾아 서로 어떻게 관련 되는지 서술해 봅시다.

[보기] 쿵!

갑자기 쿵 하고 차가 멈추는 소리에 졸고 있던 제민이가 화들짝 놀라 잠에서 깹니다. 이모와 혜민이도 놀랐는지 감고 있던 눈이 동그랗게 떠집니다. 어머니께서 브레이크를 빨리 밟았기에 망정이지 하마터면 앞차와 부딪힐 뻔했습니다.

"이모, 무슨 일이에요?"

혜민이가 걱정스러운 듯 묻습니다.

"앞차 운전자가 졸음운전을 한 모양이야."

엄마의 대답에 이번에는 제민이가 끼어들며 묻습니다.

"엄마가 조신 게 아니고요?"

"아니야, 난 안 졸았어."

"아니 도대체 저 사람은 어딜 보고 운전하는 거래?"

이모는 화가 단단히 나신 듯합니다.

"제민이, 다친 데는 없니?"

"네, 괜찮아요."

"혜민이는?"

"저도 괜찮아요."

"덕호 씨는요?"

덕호 아저씨가 아무 말씀도 없으시자 모두의 눈이 아저씨를 향합니다. 그런데 이게 웬일일까요? 덕호 아저씨는 여전히 코를 골며 잠에 빠져 계십니다. 사고가 난 줄도 모르는 모양입니다.

"아저씨, 좀 일어나 보세요, 지금 사고 날 뻔했다고요!"

덕호 아저씨는 그제야 길게 하품을 하며 눈을 뜨십니다.

"어디, 어디 사고가 났어?"

"사고가 난 게 아니고, 사고가 날 뻔했다고요. 저 앞차 운전자가 졸음운전을 했대요."

"아니, 저 사람은 졸리면 어디에 잠시 차를 세웠다가 눈을 붙이고 가던가…… 하마터면 큰일 날 뻔했네요." - 본문 내용 중에서

05 사람들은 자신 앞에 놓인 사물이나 일에 대해 나름대로의 생각이나 느낌을 갖습니다. 지금 자신의 마음속에 일어나는 생각이나 느낌을 자유롭게 써 보세요. 그리고 사단칠정의 어떤 마음과 연관이 있는지 서술해 봅시다.

통합형 논술
문제풀이

01 측은지심(惻隱之心)은 불쌍한 사람이나 어려움에 빠진 사람을 구제하려는 사랑의 마음이고, 수오지심(羞惡之心)은 나의 잘못을 부끄럽게 여기고 다른 사람의 잘못을 꾸짖을 줄 아는 마음을 뜻합니다. 사양지심(辭讓之心)은 내가 무언가를 하고 싶거나 가지고 싶어도 남을 먼저 생각해 양보하는 마음이고, 시비지심(是非之心)은 옳은 것은 옳다 하고 잘못된 것은 잘못되었다고 지적할 줄 아는 마음을 뜻합니다. 사람들은 누구나 이런 네 가지 마음을 갖고 태어나는데, 만약 잘못이나 범죄를 저지르는 사람이 있다면 어떤 이유로 인해 이런 마음이 묻히거나 발휘되지 못하기 때문이라고 할 수 있습니다.

02 제민이는 혜민이의 장난감을 망가뜨렸지만 자신의 잘못을 인정하지 않고 다른 사람에게 떠넘기려고 했습니다. 제민이의 잘못으로 인해 혜민이는 좋아하는 장난감을 잃게 되었습니다. 누구나 자신의 의도와는 달리 실수할 수 있으며 이때는 당황하기 마련입니다. 하지만 이미 저지른 실수는 두 번 다시 되돌릴 수 없습니다. 오히려 이때 자신의 잘못을 있는 그대로 인정할 줄 아는 용기가 필요합니다. 수오지심(羞惡之心)은 자신의 옳지 못함을 부끄러워하고, 남의 옳지 못함을 미워하는 마음입니다. 진정한 용기는 자기 자신의 잘못을 인정하고 부끄러워할 줄 아는 마음에서 옵니다. 부끄러움을 아는 것, 곧 나의 잘못을 인정하고 다른 사람의 잘못을 바로잡아 줄 수 있는 사람만이 스스로를 더 큰 사람으로 만들 것입니다.

03 태웅이의 괴롭힘을 받고 있는 민경이를 도와줘야겠다고 생각하는 부분에서는 어려움에 빠진 사람을 구제하려는 사랑의 마음인 측은지심(惻隱之心)이 엿보입니다. '나'는 어떤 대가를 바라고 민경이를 도와준 것이 아니라 태웅이의 괴롭힘을 받는 민경이의 모습을 보고 안쓰러운 마음이 들어 갑자기 그렇게 한 것입니다. 또한 자기의 잘못을 모르는 태웅이에게 친구를 괴롭히는 일은 나쁜 짓이라는 것을 알려 준 부분은 옳고 그름을 지적할 줄 아

는 마음, 즉 시비지심(是非之心)이라 할 수 있습니다. '나'는 비록 태웅이보다 힘이 약하지만 용감하게 옳고 그름을 가려 말할 줄 압니다. 이것은 옳고 그름을 구별할 수 있는 *혜안(慧眼)이 있을 때 가능한 일이겠지요?

*혜안(慧眼): 사물을 꿰뚫어 보는 안목과 식견.

04 어머니께서 운전을 하시다가 앞 차와 부딪힐 뻔했습니다. 앞차 운전자는 졸음운전을 한 듯했습니다. 이 때문에 엄마와 이모는 앞차 운전자에게 화가 단단히 나셨습니다. 화나는 마음은 곧, 분노하는 마음인 노(怒)라고 할 수 있습니다. 또한 앞차 운전자 때문에 큰 사고가 날 뻔했기 때문에 차에 탑승한 모든 사람들은 상대 운전자를 미워하는 마음도 들었을 것입니다. 여기서 미워하는 마음을 바로 오(惡)라고 합니다.

05 친구들 대부분은 MP3를 가지고 있다. 하지만 나는 가지고 싶은 물건이 있으면 용돈을 모아 스스로 사야 한다. 이것은 우리 부모님 나름의 교육 방식이시다. 드디어 목표로 삼은 돈을 다 모았다. 매달 용돈의 1/10을 저축하여 이제 MP3를 살 수 있게 되었다. 아직 구입하지는 않았지만 너무 기쁘고 내 자신이 기특하기까지 하다. 지금 느끼는 이 기쁨이라는 감정은 사단칠정 중 희(喜)에 해당할 것이다. 나에게는 수많은 감정들이 있겠지만 이렇게 기쁜 마음이 늘 나와 함께했으면 좋겠다.